Theo Fischer

Tendenzen des Wachstums

THEO FISCHER

TENDENZEN DES WACHSTUMS

SILBERSCHNUR

Für Sabine

ISBN 3-89845-046-5

1. Auflage 2003

Cover & Satz: XPresentation, Boppard
Druck: Finidr, s.r.o. Cessky Tesin

Verlag »Die Silberschnur« GmbH · Steinstraße 1 · D-56593 Güllesheim

www.silberschnur.de
e-mail: info@silberschnur.de

Inhalt

Vorwort

In meinem Buch „Anatomie der menschlichen Destruktivität" habe ich eine Reihe von neueren Untersuchungen von Neurologen und Neurophysiologen zitiert, die für mich sehr überzeugend behaupten, dass es sogar in der Struktur des Gehirns bestimmte Tendenzen gibt, die nicht im eigentlichen Sinne instinktiv sind, nichtsdestotrotz aber angeboren und vorgeformt sind und die die Tendenz zu Wohl-Sein, zu Kooperation und zu Wachstum haben. In Lebensgefahr entwickeln Menschen plötzlich Kräfte und Fähigkeiten, die sie nie für möglich gehalten hätten. Solche Kräfte und Fähigkeiten sind nicht nur physischer oder geistiger Natur, sondern beziehen sich auch auf die Wahrnehmung und andere Bereiche.

Erich Fromm[1]

In diesem trotz des Wortreichtums seiner Aussage eher unscheinbaren Text des bekannten Psychologen verbirgt sich möglicherweise die Antwort auf eine ganze Reihe von Fragen, die wir ans Leben oder Schicksal gerne stellen würden, wenn nur jemand da wäre, der sie uns beantwortet. Ich rede von Fragen wie zum Beispiel der, ob zwischen Gott und Mensch überhaupt eine Beziehung möglich ist, ob zwischen Schöpfer und Individuum eine Kommunikation stattfinden kann, die keine Illusion ist, eine Kommunikation, die sich ihrer Einmaligkeit wegen nicht über die Routinen unserer üblichen Verständigungskanäle ereignet, sondern uns auf einer Ebene jenseits von Verstand und Gefühl erreicht. Ein Mittel, das keine Einbahnstraße ist, mit dem entweder nur Gott sich dem Menschen nähert oder das der Mensch benutzen könnte, um an die Adresse des unbekannten Schöpfers Nachrichten, vor allen Dingen Hilferufe abzusenden, ohne dass er Anspruch auf Antwort hätte. Wobei die Kardinalfrage, nämlich, ob Gott überhaupt existiert, noch nicht einmal berührt wäre.

„Hilf dir selbst, dann hilft dir Gott“ ist ein alter, abgedroschener Spruch - aber man könnte ihn auch positiver interpretieren. Erich Fromms Text sagt in aller Stille etwas sehr Bedeutsames aus: Gott hat im menschlichen Gehirn die Fähigkeit angelegt, sich selbst zu helfen. Dazu muss er auf die Notreserven seines eigenen Energiepotenzials zurückgreifen - und dadurch könnte ein Kontakt zwischen Mensch und Schöpfer auf einer (metaphorisch ausgedrückt) „Standleitung“ hergestellt werden, der das Nötige vollbringt. Nicht durch seltsame Wunder oder gar unreife Lichterscheinungen, das Wunder schafft der betroffene Mensch selber, indem er aus diesem „heißen Draht“ zum Urgrund vor allem Intelligenz zum richtigen, genauen Handeln in Harmonie mit dem Regelwerk seiner Umwelt schöpft.

Die entscheidende Frage, ob so etwas überhaupt funktioniert und gegebenenfalls wie oft oder wie selten, versucht dieses Buch zu beantworten. Weiter verlangt nach einer Antwort, woher ich denn den Schlüssel zu meinem eigenen Keller nehmen soll, wie es denn funktionieren soll, dass ich in der eigenen Tiefe Anschluss an den Urgrund herstelle - wo ich heute doch noch nicht einmal weiß, ob etwas Derartiges denn existiert oder ob die Menschheit sich in ihrem Elend nur an Wahnideen klammert. Ganz zu schweigen von meinem defizitären Glückshaushalt. Wie könnte ich Lebensfreude aufbringen, wenn mir permanent emotional oder materiell oder auf beiden Ebenen das Wasser bis zum Hals steht? Wo ich doch in schönem, aber zuverlässigem Wechsel meine Krisen erlebe: in meinen Beziehungen, im Beruf, am Geldbeutel, meiner Gesundheit, meiner Flucht in die so genannte Freizeit und nicht zu vergessen, in meinen ewig offenen Fragen nach dem Glück, nach Sinn und Ziel des Lebens, nach meiner zweifelhaften Identität und in Fragen nach dem richtigen Verhalten inmitten dieses Stromes, der am Ende wie ein Wasserfall zu Tal, in den Abgrund stürzt, ein Ereignis, dem wir den Namen Tod gegeben haben.

Ein wichtiger Punkt sei hier gleich zu Anfang vorausgesandt: Glück, Identität, Sinn und Erkenntnis, kurzum, ein gelungenes Leben kostet etwas. Der Preis beinhaltet ein Bündel von Maßnahmen, von denen einzeln keine besonders schwierig oder unbegreiflich wäre, aber die nur dann den ersehnten Effekt bringen, wenn sie annähernd vollständig sind. Verlangt wird eine umfassende Änderung unserer Grundannahmen über unsere Identität und unsere Position in der Welt. Es wird eine andere Realitätspräsenz gebraucht, als die, die wir gewöhnlich aufbringen, und die Festung unseres Egoismus muss aufgebrochen werden, damit ein umfassenderes Mitgefühl für alles, was außerhalb von uns existiert, Einzug halten kann. Weiter im Paket enthalten sind ein paar moderate, aber lohnende Opfer und vor allen Dingen ernsthafte, intensive Arbeit. Das klingt vielleicht ernüchternd für den hoffnungsvoll nach Lösungen und insbesondere nach Patentrezepten suchenden Menschen. Er mag sich sagen, dass sein Leben so oder so voller Kampf und Anstrengung ist, also lohnen sich andere Mühen nicht, wenn damit nur ein geistiger Paradigmenwechsel im Westentaschenformat bei gleich bleibender Belastung verbunden ist. Dieses Vorurteil wäre falsch. Heute, in Ihrem gegenwärtigen Zustand, wie immer er beschaffen sein mag, müssen Sie bestimmte Konzessionen an Ihre Lebensumstände machen. Unfreiwillig, aber nicht allzu störend, weil Sie diese Zugeständnisse aus verdrossener Gewohnheit nicht mehr als so belastend empfinden wie sie tatsächlich sind. Es macht einen bedeutenden Unterschied, ob Ihnen unsympathische Forderungen aufgezwungen werden oder ob Sie Ihre Entscheidungen freiwillig treffen und obendrein mit der Aussicht auf das Erfolgserlebnis eines letztlich erfüllten Lebens.

In meinen anderen Büchern habe ich mich dem menschlichen Problem von innen her genähert, sozusagen von der Rückseite aus. Ich habe Maß genommen an den alten Weisheiten des Ostens und sie als Parameter des Handelns verwendet. Mit dieser Arbeit bewege ich mich von außen her unter abendländisch-christlichen, psychologischen Gesichtspunkten auf die Problematik zu. Ich spreche primär den Verstand an und apelliere an Vernunft, Logik und kritisches Denken. Nach meiner Erkenntnis führt die rationale Schiene vielleicht sogar rascher zu Resultaten, weil wir Informationen sowieso zuerst intellektuell verarbeiten, bevor sie unser Gefühl erreichen. Was Sie in Büchern lesen oder in Vorträgen hören, stammt aus zweiter Hand und Sie haben die Qual der Wahl, ob Sie glauben, was Sie vernehmen, oder ob Sie es ablehnen. Wahrheit finden Sie auf diese Weise nicht. Allein was Sie aus eigener subjektiver Untersuchung als richtig erkennen, gehört Ihnen und ist nicht aus fremder Hand. Diese Feststellung betrifft Ihre Meinung über oder Ihren Glauben an Gott ebenso wie die endlosen Methoden, dem Leben eventuell mit Seiner Hilfe das bisschen Glück abzuringen, das es für das isolierte Individuum übrig hat. Ich möchte Ihnen gerne Gelegenheit geben, kritisch und vorurteilslos am Modell Ihrer eigenen Lebenssituation eine Versuchsreihe zu starten. Handeln Sie genau wie ein Wissenschaftler, der eine Theorie aufgestellt hat und nun durch eine bestimmte Versuchsanordnung prüfen will, ob die Realität seine Theorie bestätigt oder ob er sie aufgeben muss. In den meisten der folgenden Kapitel finden Sie die Beschreibung typischer menschlicher Situationen. Sie bilden das Versuchsfeld, mit dessen Hilfe Sie nüchtern, logisch und streng sachlich austesten können, ob mit den Mitteln, die ich beschreibe, tatsächlich die in Aussicht gestellten positiven Wirkungen zu erzielen sind.

Theo Fischer

Notabene:

Die deutsche Sprache bevorzugt auf weiten Strecken männliche Vokabeln. Wenn ein Autor deutlich machen will, dass er Frauen ebenso ansprechen will wie Männer, bekommt er Schwierigkeiten. Das führt dann zu Wortkonstruktionen wie „Leser(in)“ oder „er (sie) ging...“ oder „wer das will, *der/die...*“, womit bei Verallgemeinerungen der männliche Artikel beinahe unvermeidbar ist. Ich habe eine Weile an diesem Problem herumgebastelt, aber alle Versuche, beiden Geschlechtern sprachlich gleichrangig gerecht zu werden, gelingen nur um den Preis beinahe lächerlicher Wortkonstruktionen. Wenn zum Beispiel die Metapher vom „kleinen Mann von der Straße“ verwendet wird, klingt die weibliche Variante „die kleine Frau von der

Straße" geradezu absurd. Ich möchte den Leserinnen, allen Frauen, Mädchen, Damen, Müttern und Großmüttern versichern, dass ich sie allemal auch dann anspreche, wenn im Text maskuline Wörter stehen, wo korrekterweise auch die weiblichen hingehörten. Ich behelfe mir mit „der Mensch". Der Mensch hat einen männlichen Artikel - also bitte ich Sie, liebe Leser*innen*, dass Sie mir die Verwendung der leider so maskulin gewachsenen Sprache nachsehen. Wenn ich also „der" oder „dem" oder „dessen" statt „die", „der" oder „deren" sage, meine ich den *Menschen, nicht den Mann*. Wobei zu vermerken wäre, dass vieles von dem, was ich in diesem Buch beanstanden werde, überproportional mehr die Männer als die Frauen betrifft.

1. Kapitel

Einheit

Da die philosophia perennis das Absolute als integrierendes Ganzes versteht, ist es nicht ihr Ziel, erlöst zu werden, sondern jene Ganzheit zu entdecken und damit eine vertiefte Erfahrung der Zugehörigkeit zu gewinnen. Noch Albert Einstein bleibt in dieser Tradition, wenn er erklärt, dass die Trennung vom Ganzen lediglich eine optische Täuschung des individuellen Bewusstseins sei und dass die Aufgabe der Erkenntnis darin bestünde, uns aus diesem Gefängnis der Selbsttäuschung herauszuführen.

Rüdiger Safranski[2]

Es gibt wenig, wonach wir Menschen uns mehr sehnen, als glücklich zu werden und es so lange wie möglich zu bleiben, aber offenbar enthält uns das Leben genau dies vor. Wenn man in die Welt hinausblickt und täglich mit Gräuelnachrichten über menschliches oder richtiger: unmenschliches Verhalten im Übermaß versorgt wird, braucht man schon viel Zuversicht, um immer noch an die Erfüllung kollektiver Träume vom Glück zu glauben. Wer zum Glücklichsein die Einheitsformel sucht wie die Physiker die Weltformel, wird weiter unglücklich bleiben. Und wer sich auf Patentrezepte verlässt, einfach, wie die Montageanleitung für ein Bücherregal, ebenso. *Wir halten die diversen Probleme und Konflikte, die uns heimsuchen, für die Ursache unseres glücksarmen Lebens und erkennen nicht, dass diese selbst die Auswirkungen von etwas anderem sind. Unsere Sorgen, Nöte, Probleme und damit unser Unglücklichsein sind bereits Wirkungen - es sind die Konsequenzen einer notorisch falschen Lebensweise.* Im Vorwort habe ich es bereits angedeutet: Um die Freude am Leben wiederzufinden und einen Zustand zu erreichen, der nicht ständig von emotionalen Dauertief-Wetterlagen aus dem

Gleichgewicht gebracht wird und der ihn letztlich auch aus den materiellen Krisenzonen herausführt, muss der Mensch ein paar Grundannahmen aufgeben, mit denen er, so alt er ist, gelebt hat. Aus vielen Gesprächen und aus der unmittelbaren Beobachtung menschlichen Verhaltens weiß ich, dass ein Großteil der Personen, mit denen ich in Berührung gekommen bin, zu unwahrscheinlichen Opfern bereit ist, wenn sie sich dadurch eine Besserung ihres Allgemeinzustandes erhoffen. Dieser Umstand gibt mir die Zuversicht, dass meine Ausführungen vielleicht trotz (oder gerade wegen) ihres unorthodoxen Charakters auf einen offenen, aufnahmebereiten Sinn treffen.

Einer vom Autor selbst zu Nüchternheit und Skepsis aufgerufenen Leserschaft etwas nahe zu bringen, das östliche Philosophien bereits seit Jahrtausenden lehren, ist nicht ganz einfach. Und die von der New Age-Bewegung in den vergangenen Jahrzehnten gerne hergestellte Verbindung mit der Atomphysik hat auch ihre Schwächen, weil den wissenschaftlichen Erkenntnissen oft esoterische Elemente und entsprechend phantasievolle Deutungen beigemengt worden sind. Das von Fritjof Capra wirklich gut geschriebene Buch *Das Tao der Physik* spukt in den Köpfen kritischer Leute herum, aber sie neigen dazu, den Stoff wegen seiner östlich-philosophischen Sichtweise abzulehnen. Und die Technokraten unter den heutigen Physikern sagen sowieso *„stimmt alles nicht"*. Womit sie die Konsequenzen aus dem berühmten Doppelspaltversuch meinen, wonach Teilchenpaare sich getrennt voneinander abstimmen und wissen, wo das andere ist und mit welchem Spin es sich bewegt. Was zu der bestürzend konsequenten Schlussfolgerung geführt hat, dass die Dinge im Universum alle zusammenhängen und es physikalisch quasi als aus einem Stück bestehend angesehen werden muss. Weiter scheint - stark vereinfacht ausgedrückt - erwiesen zu sein, dass unsere Welt subatomar eher als Tendenz, in Erscheinung zu treten, existiert, als tatsächlich. Sie wird erst durch die Teilnahme eines beobachtenden Systems wahrnehmbar. Doch, wie gesagt, die Experten von heute widersprechen jenen der Zwanzigerjahre. Ich selbst glaube nicht, dass Forscher wie Bohr, Heisenberg, Stapp, Schrödinger, Feynmann und andere heute widerlegt sind, aber als Beweis für das, was ich in diesem Kapitel sagen möchte, ließen sie sich auch nur verwenden, wenn ich sie als Alibi für eine Art Glaubenssatz benutze. Am sympathischsten als Beleg für die mögliche Einheit aller Dinge einschließlich der gesamten Atomstruktur der Menschheit und samt C.G. Jungs kollektivem Unbewussten ist mir die oben von Safranski zitierte Äußerung Albert Einsteins. Ich denke, niemand würde Einstein unterstellen, er sei ein Esoteriker gewesen. Ich persönlich halte ihn für einen im Grunde gläubigen Menschen, der kein erfundenes metaphysisches Phänomen brauchte, das ihm Gott ersetzte. Safranski schreibt ihm hier die Aussage zu, dass die Trennung vom Ganzen lediglich eine optische Täuschung des individuellen Bewusstseins ist und die Aufgabe der Erkenntnis darin besteht, uns aus diesem Gefängnis der Selbsttäuschung herauszuführen. Das Prinzip der Einheit, von dem Einstein ausgeht, war also zu einer Zeit im Gespräch, als man in Europa und den Staaten kaum etwas von östlichen Lehren wusste und Esoterik und New Age längst noch nicht die Buchhandlungen überschwemmten.

Vielleicht fragen Sie sich inzwischen, worauf ich eigentlich hinaus will. Und wo denn um Himmels Willen in diesen dunklen Andeutungen die eigentliche Nachricht versteckt ist. Nun, ich habe Hemmungen, gleich zu Beginn mit einer Information herauszuplatzen, die zwar stimmt, die wahr und wirklich ist, die Sie aber ihres ungewöhnlichen Inhaltes wegen möglicherweise so irritiert, dass Sie auf der Stelle mit Lesen aufhören. Wir handeln ein Leben lang auf der Basis von Überzeugungen, die falsch sind. Der Umstand, dass Hunderte Millionen anderer Leute von der gleichen Überzeugungsplattform her denken, reagieren und wahrscheinlich als Folge davon unter ihrem Mangel an Glückserleben leiden, ändert nicht das Geringste an den anders beschaffenen Tatsachen. Es handelt sich um Realitäten, die existieren, seit die Welt besteht. Man könnte die fundamentalen menschlichen Irrtümer und ihr Beharren darauf vielleicht mit der Situation Galileis vergleichen. Er hatte erkannt, dass nicht die Sonne sich um die Erde dreht, sondern die Erde um die Sonne. Als er seine Einsicht dem Klerus bekanntgab, stieß er auf heftigsten Widerstand. Er musste öffentlich widerrufen und soll die berühmten Worte „*Und sie bewegt sich doch*" gerufen haben. Seine Kontrahenten verweigerten sich der Einsicht in etwas, das noch nie anders gewesen war. Galilei wollte keine neue Lehre verkünden, er verwies auf Tatsachen, aber die Kleriker beharrten auf ihren überlieferten Irrtümern. Auch als Kopernikus die Position unserer Erde an den Rand der Milchstraße verwies und bewies, dass sie keineswegs der Mittelpunkt des Universums ist, sondern im Gegenteil ein recht unbedeutendes Planetchen, weigerten sich die Scholastiker vehement, es zu glauben. Sie steckten die Nase lieber in ihre Bücher, als dass sie einen Blick durch sein Teleskop riskierten. Analog möchte ich Sie mit einem Phänomen bekanntmachen, das sich seit Anfang der Zeit zwar nie geändert hat, aber von den Menschen kurzerhand ignoriert wird. Die Idee von der Einheit der Dinge beschäftigt zwar schon lange die Gemüter, aber noch nie haben in unserem Kulturkreis mehr als eine Handvoll mutiger Geister die Geschichte mit allen Konsequenzen in der Makrowelt zu Ende gedacht. Und nur ganz selten tauchte in diesem Zusammenhang die Frage auf, welche Position Gott gegebenenfalls unter dem Gesichtspunkt einer universalen Einheit zukommt und in welchem Ausmaß das schöpferische Element unmittelbar mit uns identisch ist. Ich behaupte nicht, dass es so ist (weil ich mit einer solchen Behauptung nur wieder an Ihren Glauben apellieren würde) - ich schlage bloß vor, dass Sie die Probleme Ihres Lebens, Ihrer Identität, Ihrer Beziehungen, Ihrer Visionen, Sehnsüchte und Daseinsängste einmal von einem neuen Standort aus behandeln. Einfach, indem Sie umdenken und sich nicht, wie dies jetzt geschieht, unaufhörlich in Ihren Denkprozessen von allem, was außerhalb von Ihnen vorgeht, distanzieren. Probeweise, skeptisch, kritisch, ohne Vertrauensvorschuss. Sie haben schon so viel ausprobiert und manches Nutzlose, Unsinnige war darunter. Wagen Sie befristet den Schwenk um fünf Winkelminuten - ein paar Grade weg von der permanenten Innenschau und hin zur Welt draußen. Solange Sie leben, haben Sie sich und die Welt als zwei getrennte Dinge angesehen und dementsprechend gefühlt und gehandelt. Versuchen Sie einmal probeweise so zu tun, als ob Sie und alles, was über Ihre Sinne hereinströmt, ebenso Sie sind, wie Ihr Innenleben. Der Rat mag Ihnen ungewöhnlich erscheinen, vielleicht sogar undurchführbar, aber versuchen Sie es trotzdem. Sie werden bald feststellen, wenn Sie sich nicht mehr von allem, was sich außerhalb von Ihnen befindet, abtrennen, hört der Widerstand auf, der ständig zwischen Ihnen und Ihrer Umgebung besteht. Sie werden spüren, wie das Leben einen anderen Duft annimmt, wenn es keine Trennung zwischen Innen und Außen mehr gibt. Unvermittelt verschwindet das zwanghafte Gefühl, gegen die Welt draußen etwas unternehmen zu müssen, es enden die irrationalen Bedürfnisse, auf das Äußere einzuwirken, es zu beherrschen und dem eigenen Schicksal gefügig zu machen. Sie beziehen einen anderen Standpunkt. Bisher waren Sie gegen den Rest der Welt, gegen das ganze Leben gestanden, von dem Sie - nicht ganz zu unrecht - argwöhnten, dass es sich im Grunde keinen Pfifferling um Ihr Wohlergehen schert. Und jetzt spielen Sie für eine kleine Weile - oder vielleicht sogar für immer - das kosmische Spiel, in dem Sie und das Universum personell eines sind. Aber spielen Sie es kraftvoll, nicht halbherzig. Leben Sie auf Probe und tun Sie so, als ob Innen und Außen nicht voneinander getrennt wären.

Ich meine, es lohnt sich herauszufinden, ob diese Einheit existiert oder ob sie nur die Erfindung menschlichen Wunschdenkens ist. Und es wäre vielleicht nicht verkehrt, unsere Schwierigkeiten mit dem Leben einmal unter dem Gesichtspunkt zu betrachten, wie viele davon möglicherweise mit unserem dualen Denken und Verhalten zusammenhängen. Ich will auf keinen Fall das Prinzip der Einheit als neue Idee dem westlichen Geistesgut aufpfropfen. Mir erscheint es viel vernünftiger, nüchtern und möglichst objektiv festzustellen, wie die Dinge tatsächlich beschaffen sind und was für Folgen, insbesondere welche positiven es unter Umständen hätte, wenn ich die Grundauffassung über meine Position in und zur Welt den tatsächlichen Verhältnissen anpassen würde. Es gibt eine Menge Gründe, sich ernsthaft damit zu beschäftigen. Wenn für Sie aus unabhängig gewonnener Erkenntnis die Einheit der Dinge Realität wird, wirkt sich das auf Ihr künftiges Denken und Handeln so kraftvoll und positiv aus, dass Sie damit nicht nur Ihre eigene Situation verändern, sondern positiv auf das Gesamtbewusstsein der Menschheit einwirken. Der Irrglaube unserer Getrenntheit ist das

Ergebnis langanhaltender synergetischer Prozesse. Aber wie jedes System, das sich selbst organisiert hat, können numerisch kleine Faktoren trotz der scheinbaren Stabilität des Systems eine fundamentale Änderung bewirken. Denken Sie an die Auswirkungen auf eine ganze Volkswirtschaft, wenn in der Politik eine Minipartei mit nur einer Handvoll Sitzen im Parlament einer Koalition die Mehrheit verschafft. Auf diese Weise könnten Sie auf den Geisteszustand Ihrer Mitmenschen einwirken, indem Sie den Ihren positiv verändern.

Vor Jahren stand ich einmal in Basel vor einer Installation des Künstlers Jean Tinguely. Es handelte sich um ein großes Mobile, bestehend aus Antriebsrädern unterschiedlichster Größe und Form. Sie waren durch Treibriemen, Ketten, exzentrische Gestänge, Kardanantriebe und alle möglichen weiteren mechanischen Verbindungen alle miteinander im Eingriff und bewegten sich, je nach dem Übersetzungsverhältnis, mit unterschiedlicher Geschwindigkeit vorwärts oder rückwärts drehend. Und inmitten dieses bizarren Regelwerkes von Transmissionen befand sich, auf einem Fahrradsattel sitzend, ein menschliches Gebilde. Die Puppe trat mit den Beinen Fahrradpedale und trieb so über die Kette ein Ritzel an, das in das große Räderwerk fest integriert war. Ihre beiden Arme bewegten ein weiteres Fahrrad-Pedalrad, dem anstelle der Pedale zwei Handgriffe montiert waren. Auch dieses Rad war über Kette und Ritzel mit dem übrigen Räderwerk verbunden. Das mächtige Kunstwerk zeigte also einen Menschen, der mit Händen und Füßen strampelte und aktiv war. Von dieser Aktion ausgehend, bewegten sich alle Räder, Übersetzungen und Transmissionen des vielgestaltigen, mobilen Mikrokosmos mit.

Die Skulptur stellt eine Frage: Bewegt nun dieser Mensch das Räderwerk oder wird er durch die Dynamik der vielen, zum Teil mächtigen Treibräder selber in Bewegung gehalten und sein Treten und Kurbeln ist schiere Illusion? Bewegt er oder wird er bewegt? Was geschieht, wenn er Hände und Füße von den Pedalen nimmt? Bleibt der ganze Apparat dann stehen? Oder läuft er unbeirrt weiter, egal, was der Mensch dort auf dem Fahrradsattel unternimmt? Geht die Energie der ganzen

Dynamik von diesem einsamen Menschen aus oder ist es die Energie des ganzen Getriebes, der er nicht ausweichen kann, gleich, ob er die Pedale bewegt oder es bleiben lässt?

Tinguelys Kunstwerk ist eine gute Metapher für die ungeklärte Situation des modernen Menschen. Es wirft Fragen nach Sinn, Identität und dem freien Willen auf. Und es deutet eine Antwort an, die nirgendwo in unser erlerntes, lebenslang praktiziertes Weltbild passt. Logisch bilden die menschliche Puppe und das Räderwerk eine Einheit. Insofern wäre es unwichtig, von wem oder was die Bewegung ausgeht. Es greift alles ineinander, Mensch und Umfeld sind ein- und derselbe Vorgang. Dichten wir dieser Figur inmitten des Riesenmobiles Bewusstsein an, hätte sie die Wahl, wie sie ihre Position im Szenarium interpretiert: Möglichkeit eins wäre, dass sie sich für den Initiator aller Vorgänge hält, die in ihrem engeren Wahrnehmungsbereich liegen, sie wäre überzeugt, durch Treten und Kurbeln hätte sie unmittelbaren, wirksamen Einfluss auf die äußeren Vorgänge. Möglichkeit zwei wäre die fatale Einsicht, dass sie von der Übermacht des sie umgebenden Getriebes selber angetrieben wird und ergo keine eigene Willenshandlung möglich wäre. Bei Möglichkeit drei gelangt die Figur inmitten des Regelwerkes zu der Auffassung, getrennt von einem Ablauf zu existieren, auf den sie trotzdem willentlich einwirken kann, aber umgekehrt ebenso von dem Getriebegeschehen beeinflusst wird. Bei Möglichkeit vier erkennt die Figur sich und das gesamte Mobile als ein zusammengehöriges, von der Identität her untrennbares Wesen. Was handelt, was sich bewegt, was Wirkung erzeugt, wäre dann allemal das Ganze.

Auf die Menschheit angewandt könnte das Gleichnis aussagen, dass jedes Element dieses sich gegenseitig beeinflussenden und bewegenden Räderapparates in der Überzeugung existiert, *sein* Bewusstsein wäre individuell, es wären *seine* von den Erfahrungen der anderen Elemente isolierten Erfahrungen, die dieses Element stets unter der Prämisse seiner selbst definierten Position aus gesammelt, gespeichert und im Bedarfsfall als Paramter für seine Handlungen verwendet hat. Jedes Element lebt in dem Gefühl, es sei zu Handlungen fähig, die unabhängig von anderen Handlungen stattfinden. Wer die Welt am Modell einer Installation wie der von Tinguely betrachtet, begreift, dass hier Individualität, wie wir sie interpretieren, technisch gar nicht möglich ist. Zieht man aus den vier Denkmodellen eine vernünftige Schlussfolgerung, dann beantwortet sich zum Beispiel die (in meinen Augen falsch gestellte) Frage nach dem freien Willen anscheinend recht simpel: *Ich bin verstrickt in die Wechselwirkungen des Regelwerkes, das mein Leben ist und mit dem ich, metaphysisch gesehen, identisch bin.* Aber ich kann allezeit bei Risiko auf Gewinn oder Verlust entscheiden, ob ich in die Pedale trete oder ob ich mich heraushalte. (Und da die Situationen ununterbrochen ihr Gesicht wechseln, sehen Mitmachen und Verweigern jedes Mal anders aus.) Wenn es von Anfang an nie etwas anderes als die Einheit gegeben und die Welt die ganze Zeit auf der dualistischen Schiene halbwegs funktioniert hat, dürfte erst einmal erwiesen sein, dass Einheit gegebenenfalls kein Hindernis für ein individuelles, original gestaltetes eigenes Leben ist. Sie beeinflusst dieses Leben nur in dem Sinne, dass es eingebunden ist in alle Ereignisse, die innerhalb dieser Einheit stattfinden. Wobei die Beteiligten nicht an der Strippe eines alles bestimmenden Puppenspielers hängen - sie können durch Überlegung und Tat Einfluss nehmen und als Individuen auf die Bewegungen des ganzen, zusammenhängenden Systems einwirken. Wenn ich mich zuweilen allzu sehr als ohnmächtiges Rädchen im Getriebe fühle, ist die Einsicht ein Lichtblick, dass diese Einheit im hintersten Hintergrund meiner materiellen Existenz nicht das eigentliche Problem ist. Weil sich bei näherer Untersuchung herausstellt, dass das sich vom Ganzen isoliert fühlende Individuum in Wirklichkeit mehr Einfluss besitzt, als es sich zutraut. *Wir sollten deshalb überlegen, ob sich aus der Hypothese von einer zusammengehörigen Welt nicht neue, vitalere Handlungsmuster ableiten ließen als die heute von uns so krampfhaft praktizierten.*

2. Kapitel

IDENTITÄT

Wer bin ich, wenn ich bin, was ich habe, und dann verliere, was ich habe? Nichts als ein besiegter, gebrochener, erbarmenswerter Mensch, Zeugnis einer falschen Lebensweise. Weil ich verlieren kann, was ich habe, mache ich mir natürlich ständig Sorgen, dass ich verlieren werde, was ich habe. Ich fürchte mich vor Dieben, vor wirtschaftlichen Veränderungen, vor Revolutionen, vor Krankheit, vor dem Tod, und ich habe Angst zu lieben, Angst vor der Freiheit, vor dem Wachsen, vor der Veränderung, vor dem Unbekannten. So lebe ich in ständiger Sorge und leide an chronischer Hypochondrie, nicht nur in Bezug auf Krankheiten, sondern hinsichtlich jeglichem Verlust, der mich treffen könnte; ich werde defensiv, hart, misstrauisch, einsam, von dem Bedürfnis getrieben, mehr zu haben.

Erich Fromm[3]

Manchmal stellt man sich die Frage, was das alles für einen Sinn hat. Und während Sie darüber nachdenken, überkommt Sie ein Gefühl großer Sinnlosigkeit. Plötzlich verlieren Sie alle Orientierung, es gibt mit einem Mal keine Ziele mehr, die Sinn ergeben. Was ringsum Ihnen gehört und seit langem vertraut ist, wird unvermittelt fremd, Sie spüren keine Beziehung mehr dazu und jedes Gefühl für Ziele und Pläne ist verschwunden. Es verstärkt sich der Eindruck, dass es sich eigentlich gar nicht lohnt, in irgendeiner Form weiterzumachen. Am liebsten möchte man sitzen bleiben und jede Aktion einstellen. Das Leben selbst erscheint so, wie es sich Ihnen gegenüber verhält, unglaublich gleichgültig, und auch Ihre Einstellung zu ihm ist in dieser Phase des Nach-dem Sinn-Grübelns von Leere bestimmt. Das vertraute Gefühl Ihrer

Identität scheint sich im Nebel zu verlieren. Es ist, als ob man in ein gewaltiges, materieloses Loch fällt, der Geist driftet fort von der Sie umgebenden Wirklichkeit. Sie sehen nur noch Probleme, die zu lösen und Aufgaben, die zu erfüllen sind, und es macht keinen Spaß mehr, sich damit abzugeben. Jetzt gibt es zwei Möglichkeiten: einmal können Sie sich weiter dem soeben aufgetauchten Trübsinn hingeben und dafür sorgen, dass er eskaliert und sich zur Depression auswächst. Oder Sie grübeln nicht mehr und hören auf, nach dem Sinn zu forschen, den Ihre Gedanken mit so tristem Resultat gesucht haben. In dem Augenblick, wo klar wird, dass die momentane geistige Verfassung ausschließlich die Folge Ihrer Grübeleien ist, löst die Verwirrung sich auf. Sie werden sich Ihrer Umgebung wieder als etwas Realem, Greifbarem bewusst, Sie fühlen sich wieder als Mensch und Ihre Beziehung zu sich selbst und zu den Objekten Ihrer Sinneswahrnehmung kehrt zurück. Ihre Gedanken haben sich eine kleine Weile ins Nichts verirrt, weil sie jenseits des jetzt pulsierenden Lebens eine Antwort gesucht haben. Eine selbst erdachte, und ergo theoretische Antwort, wohlgemerkt. Die praktische bräuchte nicht gesucht zu werden, weil sie im direkten Erleben der Dinge enthalten ist. Erst wenn jemand anfängt, nach einem doppelten Boden zu suchen und nach Antworten zu forschen, für die er von vornherein die falschen Fragen stellt, schleicht sich Sinnlosigkeit ins Gemüt. Aber es ist nicht die Sinnlosigkeit der Existenz - es ist die Sinnlosigkeit der Fragestellung. Weil sie etwas wissen will, das zwar gelebt, aber mit intellektuellen Mitteln nicht erklärt werden kann. Finden wir uns damit ab, es gibt das Leben und es gibt eine fast unzählbare Anzahl Theorien darüber, aber es befindet sich höchstwahrscheinlich kaum eine darunter, die es wert ist, dass man sich damit beschäftigt. Leben wir ohne über den Sinn nachzugrübeln und ohne die Erwartung, dass ein anderer uns aufklärt, was Gott ist, was Schöpfung bedeutet und welcher Sinn dahinter steckt. Dann entdecken wir vielleicht eines Tages, dass die Sinnfrage zugleich die Frage nach unserer Identität ist, dass dieses „was bedeutet es“ sehr eng mit dem „wer bin ich“ zusammenhängt und der Sinn erkennbarer wird, wenn wir zu begreifen beginnen, wer wir sind. Lassen Sie sich auch durch die Schriften der Philosophen nicht irremachen. Diese haben sich mit ihren Grübeleien und ihren Reminiszenzen als Individuen privatim in die gleiche prekäre emotionale Situation manövriert, wie Sie mit Ihrem Nachdenken über den Sinn. Nur mit dem Unterschied, dass Sie sich nicht berufen fühlen, Ihren Mitmenschen und der Nachwelt mitzuteilen, wie Ihre geistige Auseinandersetzung mit einer unbeantwortbaren Frage ausgegangen ist, während die Philosophen den Drang ausleben, sich der Menschheit für alle Zeiten mitzuteilen, auch wenn diese Mitteilungen letztlich das Protokoll ihrer gedanklichen Auseinandersetzung mit etwas Unfassbarem bleiben.

Auf der Suche nach dem Glück löst, wie gesagt, die Sinnfrage bereits die nächste aus: Wer ist das Wesen, dem dieses Leben widerfährt? Bin ich das, was ich weiß, was ich erlebt habe und was ich besitze? Bin ich meine Erinnerungen? Ist mein Selbst, meine Psyche ein Konglomerat angesammelter Gedächtnisinhalte? Womit identifiziere ich mich? Mit der ganzen Welt? Mit meinen gespeicherten Erlebnissen? Oder identifiziere ich mich mit dem Jetzt? Bin ich das, was ich in diesem Augenblick wahrnehme, was soeben geschieht? Oder bin ich etwas ganz anderes? Vielleicht ein Niemand? Oder bin ich mehr als dieses Wesen, das nach meinem Wissen und Gefühl an der Hautoberfläche aufhört? Könnte es sein, dass meine Erlebnisse und alles, was sich vor meinen Sinnen abspielt, ebenfalls zu mir gehören und infolgedessen ich sind? Dann würden die Menschen, denen ich begegne, die in mein Leben hineinspielen, ebenso ich sein wie die Berge und der Boden, den ich betrete. Bin ich womöglich alles das, was ich mit meinen Sinnen, Gefühlen und Gedanken erfassen kann? Der herrliche Sternenhimmel vorige Nacht, der Wind, die Sonne, die Schwerkraft und die unübersehbar vernetzten Beziehungen der Wesen und Dinge untereinander. Wenn ich nicht gelernt hätte, dass ich dies alles *nicht* bin, käme ich vielleicht nie auf die Idee, diese Erscheinungen könnten überhaupt getrennt von mir existieren. Wer kann mir sagen, was wahr ist und was falsch? Ich selber vermag nicht zu fühlen, wer ich bin und wo ich stehe, dazu bin ich von Kind an viel zu stark beeinflusst worden, als dass mir noch ein unvoreingenommener Blick auf mich möglich wäre. Wenn stimmen sollte, dass ich die Ereignisse meiner Wahrnehmung ebenso bin wie mein Körper und meine Erinnerungen, dann bin ich entweder als ein Wesen, dessen Identität sich im Getriebe der Außenwelt verliert, mehr oder weniger ein Niemand - oder ich bin alles, Produkt und Verursacher der Evolution gleichermaßen, sozusagen die Personalunion von Schöpfer und Geschöpf, Gott, der sich im Menschen realisiert.

Woher nehme ich also die Information, wer ich bin? Kann sie mir ein anderer geben, ein Mensch, der für sein Wissen auch keine anderen Quellen hat als ich - der wie ich das Produkt einer Erziehung ist, die bezüglich der Identitätsfrage wahrscheinlich mit dem Selbstverständnis unserer Gesellschaft übereinstimmt? Und vor allen Dingen: wie ist das Bild entstanden, das ich heute als Individuum von mir habe und das ich wie einen Schild vor mir hertrage, wenn ich zu meinen Mitmenschen in Beziehung trete? Wir identifizieren uns allgemein und in erster Linie mit unserem Besitz, unserem Wissen, unserer Erfahrung und vor allem mit unseren Erinnerungen - aber das alles sind Dinge, die im Laufe unseres Lebens von außen in unser Innenleben eingesickert sind. Doch hinter diesem so konstruierten Gebilde könnte sich etwas Unentdecktes verbergen. Etwas, das heute noch von meiner unter Fremdeinfluss selbst verfassten Identität überlagert wird. Soll die Suche nach diesem unbekannten Aspekt gelingen, muss ich ein Vakuum schaffen, indem ich mein Selbstporträt von allen Äußerlichkeiten befreie, auch von jeder Information darüber, was der Mensch angeblich ist oder sein soll, einschließlich aller diesbezüglichen philosophischen *und* religiösen Botschaften. Wenn ich einsehe und zugebe, dass ich über mich und meine Identität aus eigener Kenntnis bestürzend wenig weiß, kann allmählich und ganz leise ein Gefühl für den wirklichen Sachverhalt in meinen Geist einziehen. Und wenn ich nicht bin, was ich weiß, besitze und erlebt habe - dann dürften auch die Grenzen meiner Möglichkeiten, wie sie bisher abgesteckt waren, nicht mehr stimmen. Mit der Aufgabe meiner gewachsenen Meinungen und Vorurteile über mich wird sich auch mein Positionsgefühl der Welt gegenüber verändern.

Aber, kritisch hinterfragt, was soll mir denn das Eingeständnis nützen, dass ich außer Name, Geburtsort, Geburtsdatum, Namen der

Eltern und vielleicht auch noch der Großeltern nebst meinem Lebenslauf immer noch nicht wirklich weiß, wer ich bin und welchen Sinn es macht, dass ich existiere? Nun, da gibt es bereits im Vordergrund ein paar recht praktische Effekte: Einmal bin ich ein wenig freier. Ich habe mich von der öffentlichen Meinung, was ich zu sein habe, distanziert. Weiter habe ich mich von dem Bild getrennt, das ich mir aufgebaut habe. Damit bin ich zunächst nicht viel schlauer, aber ich habe bereits einen Vorteil gewonnen: Ab sofort hat niemand mehr die Chance, mich zu manipulieren, indem er mir weismacht, ich wäre zum Beispiel das Geschöpf eines Verursachers, der mich im Auge behält, der Erwartungen an mich stellt und der mich dafür liebt, belohnt oder bestraft und mir die Liebe entzieht, je nachdem, ob ich wie ein unmündiges Kind folgsam oder ungehorsam war. Wobei zu betonen wäre, dass es sich um keinen realen Verursacher handelt, auch nicht um die Frage, ob es ihn gibt oder nicht. Die Rede ist von gerissenen Inhabern von Machtpositionen, die ihre eigene Version von Gott samt seinen Botschaften erfunden haben und mit seiner Hilfe auf Sie und mich und Millionen unserer Zeitgenossen Einfluss gewinnen wollen. Es ist ein Merkmal des freien Menschen, dass er sich auf solche durchsichtigen Spielchen nicht mehr einlässt. Insofern ist der Verlust einer falschen Gewissheit über sich ein Gewinn an Freiheit.

Ein noch wirksamerer Effekt eingestandener Unkenntnis der eigenen Identität sind jene Elemente, die völlig natürlich, weil sie real sind, übrig bleiben: Ich könnte demnach sagen, dass ich bin, was ich erlebe, was mir widerfährt, was ich mache. Ich kann mich logisch, rational und objektiv mit dem identifizieren, was in meinem Leben stattfindet. Mit dieser Einsicht ausgerüstet präsentiere ich mich wie gewohnt meiner Umgebung, nur mit dem kleinen, aber wichtigen Unterschied, dass ich für mein emotionales Wohlbefinden nicht mehr auf das Geleistete und Erreichte angewiesen bin. Damit verschwindet wie von selbst jene heimliche Furcht, mit materiellen Verlusten zugleich Identität einzubüßen. Menschen, die ihre Identität *nicht* aus ihrem Besitz oder Status beziehen, werden mit Krisen besser fertig, weil drohende Verluste, Gefahren für Hab und Gut nicht bis in den innersten

Kern ihrer Persönlichkeitsstruktur eindringen können. Probleme, Herausforderungen lösen bei einem Menschen, der sein Selbst aus dem schöpft, was jetzt geschieht, und der sich von der Illusion getrennt hat, Besitz und Erfolg seien gleich Identität, keine Identitätskrisen aus, sondern Tatkraft.

Dennoch bleibt die Kardinalfrage im Raum stehen, ob die beschriebenen Pluspunkte als Motiv dafür ausreichen, dass Sie in Ihrer Denkrichtung einen privaten Paradigmenwechsel vornehmen und Ihre Identität neu bestimmen. Handelte es sich nur um den Impuls für einen gedanklichen Umstieg, wie ihn die meisten Menschen während ihres Lebens dutzendweise vollziehen, dann lohnte die Sache sich tatsächlich nicht, weil es nicht mehr als eine philosophische Übung ohne Saft und Kraft wäre. Bringt die Erkenntnis, dass das Individuum vielleicht nicht an der Hautoberfläche aufhört, jenseits der oben angedeuteten Effekte weiteren Nutzen? Oder wären eher einige kritische Rückfragen mehr am Platz, die unbedingt gestellt gehörten, bevor jemand sich auf dieses Abenteuer einlässt und seine Überzeugungen ändert? Drückt dann die Zinslast auf dem Häuschen weniger? Verschwindet die Angst vor dem Verlust der Einkommensquelle? Bereinigen sich dadurch permanente Beziehungskrisen? Entschwinden Depressionen ins Nichts? Und gibt es angesichts dieser beliebig fortsetzbaren Liste menschlicher Kümmernisse einen Silberstreif am Horizont, der auf echte Besserung hoffen lässt? Existiert ein Phänomen, das die Enttäuschung über die offensichtliche göttliche Gleichgültigkeit menschlichem Leid gegenüber wieder gut macht?

Eines Tages hat die Gemeinde, in der wir wohnen, den geschotterten Feldweg, der zu unserem Haus führt, asphaltiert. Wir gehen den Weg oft zu Fuß und wurden so Zeuge eines faszinierenden Phänomens. Bereits wenige Tage nach der Arbeit der tonnenschweren Straßenwalze begann sich die Asphaltdecke an einigen Stellen aufzuwerfen, als ob sie Furunkel bekäme. Inzwischen sind auf die ganze Länge des Weges verstreut Grashalme und andere Pflanzen durch den Straßenbelag hindurchgedrungen und streben zum Licht. Ich habe die

Pflänzchen angefasst - sie sind zart und schwach und zerbrechlich. Es ist unglaublich, wie sie es schaffen konnten, durch eine zehn Zentimeter dicke, festgewalzte und ausgehärtete Teerdecke hindurchzudringen. Das beschriebene Ereignis hat mich irgendwie heiter gestimmt und mir kam der dem Vorwort vorangestellte Text von Erich Fromm in den Sinn, in dem er Neurophysiologen zitiert, die dem menschlichen Gehirn exakt jene latenten Energiereserven zu Wachstum und Wohlsein bescheinigen, die die unscheinbaren Pflanzen hier vorgeführt haben. Fromm nennt es vorsichtig „Tendenzen", weil sie im Normalfall nur bei akuter Lebensgefahr freigesetzt werden. Vielleicht erinnern Sie sich an Vorfälle, wo Sie in einer Gefahrensituation ohne Zeit zum Nachdenken innerhalb der Schrecksekunde reflexartig richtig reagiert haben. Aber es ist ein weiter Weg von diesen seltenen Ausschlägen spontaner Energie bis hin zu einem Denkmodell, dem ein Ausschöpfen der uns innewohnenden Reserven zur selbstverständlichen alltäglichen Routine geworden ist. Erst unter diesem letzten Aspekt greift die Frage „was nützt es mir, wenn ich umdenke" voll. Solange die Menschen in der Überzeugung leben und handeln, sie seien von der Außenwelt und ihren Erfahrungen durch ihre Identität getrennt, *wird nichts von diesen Tendenzen zum Wachstum in ihrem Leben wirksam werden!* Umgekehrt ist es ungeheuer befreiend, den Alltag mit einem von der Last dieses *„Hier ich und dort der Rest der Welt"* befreiten Sinn zu erleben. Wer sich diesem Geisteszustand ein einziges Mal, und sei es nur probehalber und für Minuten verschrieben hat und dem sich spontan das Gefühl des Einsseins mit seinem Leben erschloss, wird nicht mehr ins alte Denkschema zurückkehren wollen. Wo vorher nur der armselige Raum, diese enge Rinne seiner egozentrischen Bewegungen war, erweitert sich sein geistiger Horizont zu einem Kreis, dessen Durchmesser unendlich ist. Es findet kein Verlust individueller Identität statt. Wer sich dieser Einsicht öffnet, sie akzeptiert und danach lebt, erfährt ein Mehr an Existenz und nicht das Gegenteil. Identität als Mittel zur Selbstdarstellung nach außen bleibt ebenso erhalten wie das Gefühl, man selbst zu sein.

*

Die oben erwähnten „Tendenzen“ lassen sich vielleicht mit jenem Phänomen vergleichen, das gläubige Menschen die Hand Gottes nennen. Das schöpferische Element würde demnach überall dort ins Leben des Individuums treten, wo dieses seine Zusammengehörigkeit mit dem Prozess des Lebens und dem verursachenden Prinzip zu erahnen beginnt. Wir sollten deshalb der Logik folgend die Frage stellen, ob sich aus der Erkenntnis einer zusammengehörigen Welt nicht neue, vitalere Handlungsmuster finden ließen als die von uns so mühsam und kämpfend praktizierten.

3. Kapitel

Gott

Der biblische Text liefert dem Religionskritiker den entscheidenden Hinweis. 1. Mose, 1/27: „Und Gott schuf den Menschen nach seinem Bilde, zum Bilde Gottes schuf er ihn." Unzweifelhaft lässt sich diese Bildbeziehung auch umgekehrt deuten. Es ist von da an kein Rätsel, woher die Bilder stammen; der Mensch und seine Erfahrung sind der Stoff, aus dem die offiziellen Träume von Gott gemacht sind. Das religiöse Auge projiziert irdische Vorstellungen an den Himmel.

Peter Sloterdijk[4]

Ich glaube, viele Menschen sehnen sich bewusst oder unbewusst nach einem Kontakt mit dem Urgrund der Dinge, gleich, welchen Namen sie ihm geben, ob sie gläubig sind oder nicht und welcher Religion sie angehören. Die Trauer über das Versagen jeglichen Einswerdens mit dem offenbar unerreichbaren, unbekannten schöpferischen Phänomen ist eines der Leiden des ehrlich suchenden, forschenden Menschen. Man kann sich Illusionen machen, sich in Phantasien verlieren und einen Zustand suggerieren, in dem es die Ferne der himmlischen Mächte nicht gibt - aber in diese selbst geschaffenen Befindnisse bricht ständig die Realität durch und der desillusionierte Mensch bleibt einsam zurück, weil reale Ereignisse, wie Wind den Nebel, seine Wunschträume fortgeweht haben.

Einmal angenommen, das Universum bis zurück zum Urknall wäre ein Phänomen, das sich selbst organisiert hat. Weiter angenommen, das, was Wissenschaftler seit Jahrhunderten analysieren und hinter dem sie die Singularität suchen, wäre mit dem verursachenden Prinzip identisch.

Wäre es nicht vorstellbar, dass dieses Etwas, das sich hinter dem Sicht- und Erlebbaren hypothetisch befinden müsste und das die Philosophen zu ergründen und zu deuten versuchen, in der gesuchten Form gar nicht existiert, weil es im Wahrgenommenen bereits implizit ist? Dass die von den Religionen zu Glaubenslehren umgestalteten Resultate der Evolution bereits die Antwort selbst sind? Was bedeuten würde, dass zum Beispiel Kernphysiker mit der Beschreibung subatomarer Versuchsreihen zugleich den Ursprung beschreiben würden, mit dem sie zu allem Überfluss auch noch identisch wären. Der Gedanke ist im Ansatz erschreckend, würde er doch das Aus für die Hoffnung auf eine sinngebende Instanz bedeuten, das Entschwinden jeglicher Aussicht auf Erlösung durch einen göttlichen Gnadenakt. Käme dazu noch das Eingeständnis, dass sehr wahrscheinlich das Universum auf seiner kleinsten materiellen Ebene sozusagen an einem Stück ist, also alles zusammengehört und sich gegenseitig wechselwirkend beeinflusst, dann würde dies unter Umständen das Ende der Illusion von menschlicher Willensfreiheit und Individualität bedeuten.

Rechnen wir einmal intellektuell die Konsequenzen dieser Vorstellung durch: Abgesehen von dem prekären und wahrscheinlich viel Leid und Enttäuschung auslösenden Umstand, dass sich alle Ideen von einer sinngebenden Macht nebst einer endlosen Zahl religiöser Hoffnungen in Luft auflösten, würde weiter nichts passieren. Denn wie immer die Wahrheit jenseits des Analysierbaren aussieht: Sie hat sich gewiss nicht dadurch ergeben oder gar verändert, dass Tausende von gescheiten - oder raffinierten - Frauen und Männern (hauptsächlich Letztere) die Welt mit Deutungen darüber versorgt haben. Ich will hier keinen Nihilismus oder Existenzialismus predigen. Ich weise nur auf Tatsachen hin, nämlich, was wir über das Vorhandensein oder Nichtvorhandensein eines verursachenden Prinzips aus eigener Kenntnis wissen. Nicht das Geringste! Und weil wir nichts wissen, spekulieren wir. Glaube und Aberglaube ersetzen seit der Mensch denken gelernt hat die fehlenden Gewissheiten. Viele Menschen haben sich aus mehreren geistigen Strömungen die Ideen herausgegriffen, die ihnen am meisten einleuchten und sich daraus eine Art privater Religion gestrickt. Interessanterweise haben selbst Atheisten eine klar definierte Vorstellung davon, wie dieser Gott beschaffen ist, an dessen Existenz zu glauben sie sich weigern. Wir kennen Hunderte von Geschichten über Gott - aus dem Osten haben wir Legenden von Kali, Shiva, Brahman und Buddha vernommen. Uns stehen in der Bibel jahrtausendealte Beschreibungen vom Wesen und Handeln Gottes zur Verfügung. Jede noch so kleine religiöse Bewegung nimmt für sich in Anspruch, Gott zu kennen und sein Sprecher zu sein. Nichtsdestoweniger wissen weder die Propagandisten noch ihre Nachfolger aus eigener, nicht aus zweiter Hand bezogener Kenntnis auch nur das Geringste über den schöpferischen Urgrund. Wir können aus dem Gesagten eine wichtige Schlussfolgerung ziehen: Wie immer Gott als Schöpfer waltet, existiert oder nicht existiert, auch, ob er vielleicht nur in allem Sichtbaren präsent ist - *irrationaler Glaube und kritiklose Nachfolge sind exakt jene Maßnahmen, die verhindern, dass jemand der Wahrheit über das Sein begegnet.* Wer sich die Tatsache eingesteht, dass er aus eigener Kenntnis nichts über Gott und den Sinn der Schöpfung weiß, dass er lebenslang und bestenfalls nur der Nachfolger einer Lehre war, einer von zig Theorien - der mag damit erstmals im Leben die Chance haben, selbst eine Antwort zu finden. Weil sein Geist mit der Bereitschaft zum Nichtwissen ein Stadium erreicht hat, wo er ein unbeeinflusstes Gespür für seine Welt entwickeln kann, das nicht von A bis Z von seinen Überzeugungen und Vorurteilen verzerrt wird.

Drehen wir kurz eine Schleife zurück: Das Universum ist, wie gesagt, aller Wahrscheinlichkeit nach ein Gebilde, das auf seiner kleinsten materiellen Ebene und analog auf der Ebene seines Energiefeldes zusammenhängt. Konsequent auf der Makroebene zu Ende gedacht, würden dann Sie und ich, der Eiffelturm, der Saturn und der Rest der Welt in einer infolge unserer Mobilität nicht wahrnehmbaren Dimension eine untrennbare Einheit bilden. Das braucht nicht weiter zu stören. Weil es physisch nicht wahrnehmbar ist, hat es die Menschheit seit Urzeiten auch nie daran gehindert, ihren individuellen, subjektiven Weg zu gehen. Und an dieser Stelle wäre der Einwand am Platz, wo bei all diesem Gerede von Einheit denn nun der Geist des Individuums bleibt.

Wer keine Angst vor Tatsachen hat, wird die Antwort rasch finden. Was wir allgemein unter Geist verstehen, ist eine Hirnfunktion. Die Funktion eines Körperorgans, das zu hundert Prozent aus Materie besteht. Geist, geistige Funktionen sind die anspruchsvolle Analogie zur Herztätigkeit oder dem Stoffwechsel. Leider wären wir damit auf unserer ahnungsvollen Suche nach Höherem keinen Schritt weitergekommen. Wir besitzen Bewusstsein. Unser Bewusstsein ist das Instrument, mit dessen Hilfe wir erkennen, dass es uns gibt, dass Leben stattfindet und dass wir ein Unikat, eine Originalausgabe der Natur sind. Bewusstsein ist das Phänomen, an dem Neurologen und Psychologen auf der Suche nach seiner Quelle noch immer an ihre Grenzen stoßen. Es hat sich entwickelt wie die Sternenhaufen in der Ferne, die wir mit unserem preiswerten Teleskop längst nicht mehr sehen können.

Auf der Suche nach einem Geist, der nicht Materie ist, und beim Forschen nach der Quelle des menschlichen Bewusstseins sollten wir zunächst klären, was diese Materie, aus der unsere Gehirne und unsere Welt bestehen, tatsächlich ist, ehe wir sie als unbrauchbar für unsere Untersuchung verwerfen. Würde man einen Atomkern auf die Größe einer Apfelsine vergrößern, hätten die sie umkreisenden Elektronen das Format eines Reiskornes. Der sich aus der Vergrößerung ergebende Abstand zwischen Elektronen und Kern würde dann einen Kilometer(!) betragen. Materie besteht so gut wie vollständig aus Zwischenräumen, quasi aus nichts. Ohne die ungeheuer schnelle Rotation der Atomstruktur gäbe es nichts zu erleben oder zu berühren. Die innere Struktur von Materie lässt sich mit einem extrem schnell drehenden Flugzeugpropeller oder Ventilator vergleichen, den der Betrachter als kompakte Scheibe wahrnimmt. Analog bestehen unser komplexes Gehirn, unsere Organe, die Gene, kurzum, unser ganzer Körper überwiegend aus Zwischenräumen, die durch die Rotation von Teilchen die Illusion fester Materie erwecken, Partikeln, die so klein sind, dass sie selbst unter einem Elektronenmikroskop unsichtbar bleiben. Tatsächlich gibt es diese Teilchen, die blitzschnell zerfallen und sich neu bilden, auch eher als Tendenz, in Erscheinung zu treten, als dass sie permanent an einem festen Ort vorhanden wären. Wir begegnen einem Wunder und einer Welt, die völlig anders beschaffen ist, als wir sie tagtäglich mit unseren Sinnen erleben. Wer zeichnet nun für das Zustandekommen dieses Mysteriums verantwortlich? Das unglaublich feingewirkte Meisterwerk, das sich selbst gebildet hat, oder ein schöpferischer Geist, aus dem die Dinge hervorgehen? Berücksichtigen wir, dass das Wort „Geist" ein Begriff ist, den der menschliche Verstand erfunden hat, dann wird klar, dass unser Geist, also der Intellekt, nicht das Format besitzt, etwas zu entschlüsseln, das ihn gegebenenfalls erschaffen hat.

Ist damit eine der Grundfragen der Menschheit reif zum Aufgeben? Habe ich, der Autor, wortreich und ein wenig umständlich belegt, dass wir zu wenig intelligent sind, um hinter die Geheimnisse des Lebens zu kommen? Ganz gewiss nicht. Ich habe lediglich dargelegt, was wir über unsere Welt, den Menschen und das Universum wissen und wo unser Wissen aufhört und zu Spekulation wird, oder noch schlimmer, sich in irrationale Glaubensformeln verwandelt. Erich Fromm macht in seinen Schriften einen deutlichen Unterschied zwischen rationalem und irrationalem Glauben. Rationalen Glauben bringe ich auf, wenn ich zum Beispiel der (vorläufigen) Stabilität der neuen Währung vertraue, der Loyalität meiner Frau oder mich auf die Zuverlässigkeit eines Lieferanten verlasse oder mein Bankguthaben für einigermaßen sicher angelegt halte, solange der Bankvorstand mein Geld nicht für Warentermingeschäfte oder andere verlustreiche Vorhaben zweckentfremdet. Irrational ist die Überzeugung vieler Gläubiger, die Erde wäre vor ungefähr sechstausend Jahren erschaffen worden, weil es so in der Bibel[5] steht. Dem stehen unumstößliche Erkenntnisse über das Alter unserer Erde gegenüber, und diese nennen völlig andere Zahlen.

Wohin bringt mich das allmähliche Begreifen, dass ich nichts über Gott, Sinn und Schöpfung weiß? Stößt mich diese Einsicht endgültig in den emotionalen Abgrund, an dessen Rand ich mich schon lange bewege? Stehe ich damit einer künftigen Lebenssituation gegenüber, die an Parameterlosigkeit nichts mehr zu wünschen übrig lässt? Meine ureigene Existenztheorie erweist sich als Fluchtweg vor der Tatsache, dass es offenbar keine Möglichkeit gibt, die Wahrheit über Gott zu ergründen. Mein ganzes Bemühen um Klarheit, meine Sehnsucht nach richtungsweisender glaubwürdiger Information scheinen dazu verdammt zu sein, dass sie ein Leben lang nie ans Ziel gelangen. In der Phase solcher verzweifelten Einsichten entsteht ein Geisteszustand, der sich von aller Beeinflussung, von allem Pseudowissen befreit und sich der Realität gestellt hat. Wer an diesem Punkt angelangt ist, ohne unter die nächste Straßenbahn oder aus dem Fenster gesprungen zu sein, der spürt, wie sich aus dieser ungewohnten Leere heraus ein Lüftchen zu regen beginnt. Irgendetwas Undefinierbares, Unbekanntes berührt sein Gemüt. Ein Gefühl wie aus der Kindheit, einer Kindheit aber, die Jahrmillionen her ist. Er beginnt zu ahnen, dass sein Verstand dieses Unbekannte niemals erfassen und behalten, geschweige, es beschreiben kann. So ein Mensch versteht intuitiv und spontan, wie die Trennung zwischen ihm und der Welt zu existieren aufhört. Alle seine Zweifel, alle Sehnsucht nach erlösenden Antworten sind für den Augenblick verschwunden. *Wer ein einziges Mal, und sei es nur für Sekunden, von diesem Unbeschreiblichen berührt wurde, hat keine Fragen mehr, weil er auf geheimnisvolle Weise bei sich selbst angekommen ist.*

*

Ich habe in meinem Leben nur sehr wenige Menschen kennen gelernt, die sich im Herzen nicht ein heimliches Vertrauen in helfende Mächte bewahrt haben. Es muss sich bei diesem imaginären Helfer nicht unbedingt um Gott, Jesus, die Jungfrau Maria oder ein anderes religiöses Phänomen handeln; bei vielen Menschen ist es eher eine Art Urvertrauen in unbestimmte, aber dennoch irgendwie personalisierte Schicksalsmächte. Dieses Urvertrauen - das übrigens, wie Erfahrungen bestätigen und wovon noch die Rede sein wird, gar nicht so ungerechtfertigt ist - ist für viele unter uns auch die Wehrmauer gegen unsere täglichen unbewussten Ängste und unsere Sorgen. Ohne dieses eigentlich nicht besonders rationale Vertrauen wäre uns wahrscheinlich der Gedanke unerträglich, auf Gottes Stuhl ein Nicht-Wesen vermuten zu müssen, das uns so ungeheuer fremd ist, dass wir niemals Hilfe von ihm erwarten können. Unser Argwohn geht in besonders kritischen Stimmungen oft so weit, diesem verursachenden Prinzip böswillige Motive zu unterstellen oder mindestens eine kosmische Gleichgültigkeit gegenüber unserem Wohlergehen. Einem bekennenden Christen wäre die Vorstellung einer solchen Charakterisierung Gottes, glaube ich, schlimmer als vielleicht die Einsicht, Jesus habe nie gelebt und der ganze Erlösergedanke sei von den Verfassern der Evangelien frei erfunden worden.

Andere Menschen entkommen ihrer Lebensangst und ihren spirituellen Ungewissheiten, weil sie Zuflucht in einer Sekte gefunden haben oder in sie hineingeboren wurden. Sie beziehen ihr Glückserleben aus dem Glauben an die Botschaften der Prediger und sie versuchen, nach den Regeln zu leben, die ihnen gepredigt werden. Ihr Glaube gibt ihnen Halt und Zuversicht in Lebenskrisen und sie meiden Erfahrungen, vor denen als schädlich für ihre Seele gewarnt wird. Ein Leben innerhalb einer solchen nach außen hin weitgehend abgeschotteten Mikrowelt bietet in der Regel klare Handlungsrichtlinien, die Gläubigen wissen, was gut und was böse ist und es wird Gehorsam von ihnen erwartet. Inmitten eines solchen Gerüstes von Lebens- und Glaubensregeln herrscht eine gewisse emotionale Sicherheit, solange die Beteiligten nicht von Zweifeln an der Lehre oder an sich selbst gequält werden. Ohne dass dies äußerlich besonders auffiele, haben sie sich vom normalen Leben weitgehend abgeschottet. Hier die Gemeinschaft der Gläubigen, dort der Rest der Welt, den zu berühren sie nur bereit sind, wenn es unvermeidbar ist, wie zum Beispiel im Beruf. In der Praxis wird diesen Leuten ein Großteil der Dinge verboten, die anderen Menschen Freude und Vergnügen machen. Sex ist meist reglementiert und darf nur innerhalb der Ehe stattfinden, oft stehen Kino-, Konzert- und Theaterbesuche, Parties und Tanzveranstaltungen ebenso auf dem Index wie der freundschaftliche Umgang mit Anders- oder Nichtgläubigen. In extremen Fällen wird Abstinenz von Alkohol, Kaffee, Tee, Nikotin oder Fleischgenuss verlangt. Im Grunde sind solche Menschen große Kinder geblieben. Sie glauben an Dinge, die ein kritischer Verstand niemals akzeptieren würde, sie befolgen Anordnungen ohne sie zu hinterfragen, allein, weil ihnen versichert wird, es sei gottwohlgefällig. Sie kontrollieren sich erfahrungsgemäß gegenseitig und fühlen sich ständig der Kontrolle des „großen Bruders", Gottes nämlich, ausgesetzt. Wie früher in der Schule gibt es je nach Wohlverhalten gute oder schlechte Betragensnoten. Sigmund Freud reihte solche Verhaltensweisen in die Kategorie „Schmerzvermeidung durch Lustverzicht" ein. Mitglieder solcher Glaubensgemeinschaften tun sich durch ihre Selbstkontrolle permanent Gewalt an. Denn wer gottgefällig leben will, muss sanft sein, liebevoll, demütig - und gewalttätige Äußerungen sind verwerflich. Wer so zu leben versucht, mag sich einreden, er habe das Glück gefunden, aber im tiefsten Herzensgrund sind diese Leute todunglücklich. Das Leben rinnt an ihnen vorüber und der einzige Trost für den permanenten Verzicht auf Lebensfreude ist die Aussicht auf ein besseres Jenseits. Sie lernen ihre Welt verachten und ihr misstrauen - und weil die Trauben zu hoch hängen, sind sie sauer, man verabscheut sie. So ein Leben spielt sich im Innern eines Elfenbeinturmes ab, der keine echten, spontanen Gefühle mehr zulässt. Was vorherrscht, ist die Furcht, das Klassenziel zu verfehlen, und die in ihren Glaubensdoktrinen gefangenen Menschen leben ständig in der Sorge, etwas falsch zu machen. Und weil sie eben auch nur Menschen mit allen ihren Schwächen, Fehlern und irrationalen Emotionen sind, kann ein so brutal determiniertes Dasein bereits die Hölle auf Erden sein. Nur wenige realisieren mit der Zeit ihren Mangel an Freiheit und bringen die Kraft zum Ausbrechen auf. Für den Gefangenen eines solchen Denkgebäudes ist es schwer zu realisieren, dass kein Feuer vom Himmel fällt und den Abtrünnigen verzehrt, wenn er aussteigt. Und ich denke, Aussteiger aus solchen religiösen Vernetzungen geraten anfänglich in einen Zustand schwerer Orientierungslosigkeit. Ich habe einmal einen Filmbericht gesehen, wo Naturschützer Hennen aus einer Legebatterie befreit und in einen Obstgarten gesetzt haben. Die armen Tiere wussten mit ihrer Freiheit überhaupt nichts anzufangen. Wie erstarrt standen sie im Gras und rührten sich nicht. So ähnlich dürfte jemand empfinden, der dem Würgegriff jahre- oder sogar jahrzehntelanger religiöser Gehirnwäsche entkommen ist.

Ich werde oft gefragt, in welchem Umfang man Aussagen östlicher Lehren über den schöpferischen Urgrund auf das christliche Gottesbild übertragen kann. Menschen, die sich mit östlichen Weisheitslehren beschäftigen, haben das verständliche Bedürfnis, ihre überkommenen Glaubensinhalte möglichst mit den neu erworbenen Kenntnissen in Einklang zu bringen. Obgleich sich einige Unterschiede dialektisch überbrücken lassen, indem man Namen auswechselt und Gott statt Tao oder Brahman sagt, wird die Kluft zwischen östlicher und westlicher Religionsphilosophie sichtbar, sobald man tiefer gräbt. Solange wir die Prämisse stehen lassen, dass Gott mit seiner Schöpfung identisch ist, dass er in diese Schöpfung eingeflossen ist und sich darin verloren hat, gibt es keine Differenzen. Der Kontrast wird aber beinahe unvereinbar, wenn ich dem integrierten östlichen Gott den christlichen Übervater gegenüberstelle, der außerhalb seiner Schöpfung wohnt. Ein Gott, der verzweifelt einem biblischen König ähnelt, einem Herrscher, der über allen Menschen wacht und sie im Auge behält, der die Guten belohnt und die Bösen bestraft, der Bitten erhört oder verweigert, der dem Menschen seine Sünden vorhält, die er den Bußfertigen durch einen Gnadenakt wiederum vergibt. Peter Sloterdijk[6] skizziert dieses Charakterbild des mosaischen Gottes ebenso ironisch wie treffend:

> *Politische Erfahrungen durchdringen unverkennbar diese Projektionen; die Macht Gottes steht in Analogie zu Häuptlings- oder Königsfunktionen. Die Religion der Feudalgesellschaft macht aus ihrer politischen Gottesprojektion am wenigsten Hehl, indem sie ohne Zögern Gott als obersten Lehnsherrn einsetzt und ihn mit dem Feudaltitel „Herr" anspricht; im Englischen sagt man noch heute My Lord.*

Erst wenn man auf dieses sehr menschliche Porträt beim Vergleichen verzichtet, gibt es die Chance für eine Synthese der östlichen mit den westlichen Religionsphilosophien.

Die Problematik der westlichen Religionskultur offenbart sich im Bedürfnis der Gläubigen nach Sicherheit. Sicherheit, zu wissen, wie man den Alltag bewältigt mit allen seinen Problemen, eine Sicherheit, die aus dem Gefühl entsteht, dass irgendwo über mir eine höhere Macht über mein Wohlergehen wacht und einsatzbereit zur Verfügung steht, wenn Gefahr droht, und nicht zuletzt die tröstende Sicherheit des Fortbestandes in irgendeiner Form, wenn dieses Leben zu Ende geht. Alle diese Sicherheiten fallen aus dem gläubigen Denkgebäude heraus, wenn ich zu realisieren beginne, wie wenig der Wunschtraum vom gütigen himmlischen Vater ins Bild der Erkenntnis von der Einheit zwischen Gott, Schöpfung und Mensch passt. Wird mit dem Akzeptieren dieser Einsicht nun alle Hoffnung auf helfende, glückverheißende Mächte hinfällig? Oder könnte es sein, dass alle diese einem vaterähnlichen Gott von den Religionen zugeschriebenen konstruktiven Eigenschaften dennoch vorhanden sind, aber wir ihr Vorkommen statt im fernen Himmel irgendwo anders, nämlich bei uns selber zu suchen hätten? Dass diese unermessliche transpersonale Intelligenz sehr wohl Eigenschaften wie Liebe, Mitgefühl und Lebenskraft aufweist, sie aber vorsorglich während des Evolutionsprozesses im Menschen direkt angelegt hätte? Dass der Mensch die Quelle allen Lebens in sich selbst entdecken könnte, wenn er sie nicht irgendwo jenseits des Weltraums suchen würde? Die mehrfach erwähnten Tendenzen zu Wachstum und Gedeihen in unserer Hirnstruktur sind ein gutes Tauschobjekt gegen unsere irrationalen Visionen von himmlischen Mächten, die wir als eine Art Reservereifen gerne im Kofferraum haben, wenn wieder einmal infolge unintelligenter Entscheidungen die nächste Lebenskrise fällig ist.

Diese latent vorhandenen Eigenschaften zu aktivieren verlangt eine Neuorientierung unserer Grundannahmen. Dass mehr oder weniger die ganze Bevölkerung des westlichen Kulturkreises im Wahn der Dualität lebt und unbeirrt in Kategorien der Getrenntheit denkt und handelt und die Welt trotzdem nicht aus der Achse springt, ist kein Beweis dafür, dass diese Einstellung auch den realen Bedingungen gerecht wird. Die Behauptung, schließlich würde die Sache mit dem sich isolierenden Bewusstsein doch blendend funktionieren, ist fragwürdig und ziemlich leicht widerlegbar, wenn man einmal kritisch die menschliche Situation unter die Lupe nimmt und sich ehrlich und ohne Schönfärberei der

Wahrheit seines Unglücklichseins und dessen Ursachen stellt. Die Zuversicht, dass die Grundeinstellung des Getrenntseins funktioniert, ist eine Lebenslüge. Genau besehen funktioniert sie eben nicht. Das Mühen des isolierten Individuums, dem Leben ein kleines Stückchen Glück und Sicherheit abzuringen, verlangt einen ständigen Kampf, ein andauerndes Anrennen gegen die Übermacht der Verhältnisse. Die machtvolle Alternative wäre, sich hypothetisch Folgendes zu sagen: „Womöglich stimmt es und ich und die Welt und vielleicht auch Gott hängen enger zusammen, als ich es mir mit meinem begrenzten Verstand ausmalen kann. Also denke ich um und warte nicht ab, bis die Mahlwerke des Lebens mich erfassen und zu Hühnerfutter verarbeiten." Um diese Dimension der eigenen Identität - selbst nur probehalber und zeitlich begrenzt - zu realisieren, muss der Mensch sich freilich Schuhe anziehen, die einige Nummern größer als gewohnt sind. Daran scheitern die Überlegungen mancher wohlwollender Frauen und Männer, die sich mit dem Gedanken an die Einheit der Dinge anzufreunden begonnen und beschlossen haben, praktische Konsequenzen daraus zu ziehen. Sie blicken hinaus in die Welt und fragen sich, ob sie das wirklich alles sind, aber die gewaltigen Dimensionen erschlagen sie und überwältigt von der Größe und Unübersichtlichkeit des Universums geben sie auf und kehren in ihre alten Denkmuster zurück.

Dieses Gefühl der Unterlegenheit würde auf der Stelle verschwinden, wenn der Zweifler auf dem Standpunkt bleiben würde, er sei mit dem Verursachenden Prinzip infolge der Ganzheit des Universums identisch - also nicht nur ein Sandkorn in der Sahara oder ein Tröpfchen Wasser im Ozean. Beim Lesen von Literatur, die von der Einheit der Dinge handelt, fällt mir jedes Mal die Unlogik auf, mit der die Beziehung des Lesers zum Ganzen definiert wird. Da heißt es dann an zig Stellen, wir sollten uns klarmachen, dass wir Teil dieses Ganzen wären. Sind wir nun ein Teilchen von etwas? Also präzise jenes isolierte Wesen, für das wir uns schon immer halten? Oder sind wir ganz? Aber etwas Ganzes ist nicht in Teile zerlegt, sonst wäre es kein Ganzes. (Apropos: Individuum bedeutet in der Übersetzung „Das Unteilbare".) Das sind doch die Spielchen eines

Intellektes, der zwar linear denken kann und dies gar nicht mal schlecht, der aber niemals etwas so Komplexes wie die Einheit des Universums realisieren kann. Gut, die Vorstellung von der Einheit der Dinge braucht einen Glaubensvorschuss, aber der ist rational, weil er durch eine Reihe beweisbarer Informationen über die zusammenhängende Molekularstruktur der Menschheit gestützt wird. Dem gegenüber verlangt die orthodoxe Lesart über Gott bedeutend mehr: einen bedingungslosen, durch keine Beweise gerechtfertigten Glauben. Diesen Glauben bringt ein Großteil der Mitglieder unserer Gesellschaft nur deshalb auf, weil sie Angst haben, sonst emotional in den Abgrund zu stürzen.

*

Etwas wird Ihnen in diesem Kapitel aufgefallen sein: Ich mache Aussagen über Gott nur unter äußerstem Vorbehalt, viele Feststellungen treffe ich in Form von Fragen, und Wörter wie „vielleicht, möglicherweise, wäre, würde, könnte sein, hypothetisch, versuchsweise" häufen sich im Text. Konjunktive herrschen vor, denn die Möglichkeitsform zwingt den Lesern nichts auf, aber sie offeriert das Angebot, sich zu bedienen. Im freiwilligen Aufgeben alter, gewachsener Überzeugungen mag die Berührung zwischen Mensch und Geist - jenem Geist, der nie Materie war - stattfinden. Unser Gehirn braucht eine Generalüberholung, wenn sich unsere emotionale wie materielle Situation bessern soll. Erst im Aufgeben unseres Ringens um Distanz zur Gegenwart und den jetzt stattfindenden Abläufen des Lebens können die damit vergeudeten Energien wie ein Turbolader ins Dasein zurückfließen. In der ungebrochenen Verbundenheit mit der Außenwelt entsteht der Kraftschluss mit dem Unbekannten. Dann wird diese Tendenz zu Wohlsein und Wachstum über die Ufer treten und heilend auf den Zustand unserer Existenz einwirken.

Lassen Sie mich das Kapitel mit einem Zitat abschließen:

Vergiss keinen Augenblick, dass du und alles, was du in dir und um dich her wahrnimmst, was dir und anderen widerfährt, kein zusammenhangloses Bruchstück, kein wildes Chaos von Atomen oder Zufälllen ist, sondern nach ewigen Gesetzen aus dem einen Urquell allen Lebens, aller Vernunft und alles Guten hervorgeht! Das ist der Inbegriff der Religion.

David Friedrich Strauß[7]

4. Kapitel

Realität

Endlich kommt die merkwürdige Tatsache zur Wirkung, dass die Menschen im Allgemeinen ihre Gegenwart wie naiv erleben, ohne deren Inhalte würdigen zu können; sie müssen erst Distanz zu ihr gewinnen, d. h. die Gegenwart muss zur Vergangenheit geworden sein, wenn man aus ihr Anhaltspunkte zur Beurteilung des Zukünftigen gewinnen soll.

Sigmund Freud[8]

Ich habe keinen Zweifel, dass der moderne Mensch seinen depressiven, glücksarmen Zustand erkennt, aber er ist zu lethargisch, um wirklich für Abhilfe zu sorgen. Stattdessen wird Ausschau nach Patentrezepten gehalten - wenn es Ersatzteile für die leidende Psyche gäbe, hätten gewiss die betuchteren unter unseren Mitbürgern sich längst die zu ihren Neurosen passende Prothese gekauft. Der phänomenale Erfolg mancher Bücher über Lebenshilfe lässt sich oft nur mit dem darin enthaltenen Dutzend Versprechungen in Kombination mit ein paar extrem einfachen Übungen erklären. Das ist der Stoff, den des Volkes Seele sucht: Man möchte liebend gerne etwas für sich tun, aber das Rezept muss simpel sein. In ihrer anfänglichen Begeisterung über die Schlichtheit eines neu entdeckten Heilspfades realisieren die Betroffenen nicht, dass es so nicht funktioniert. Aufgeladen mit neu erweckter Hoffnung dümpelt ihr glücksarmes Leben weiter vor sich hin. Mit der Adoption des neuen Patentsystems haben sie sich das Glückslos für eine Zukunft gekauft, die niemals eintritt. Ausgenommen vielleicht der Umstand, dass einem Menschen künftig mehr glückt, weil ihm sein neues Denkmodell mehr Selbstvertrauen schenkt - was freilich auch ohne ein fragwürdiges Programm funktionierte, wenn er mutiger handeln würde. Das Dilemma bei den brauchbaren Lösungen ist, dass sie einzeln betrachtet zwar ebenfalls einfach sind, aber sie laufen den gewachsenen Überzeugungen zuwider und stoßen darum auf Widerstand. Ihre Einfachheit würde dem Bequemlichkeitsbedürfnis der Menschen durchaus entsprechen, aber sie zu erklären ist komplizierter als das Formulieren von Binsenweisheiten. Und die Lösungen verlangen, wenn sie etwas bewirken sollen, vorbehaltlosen Einsatz.

Die Lust zu leben drückt sich in Leidenschaft aus. Diese Leidenschaft zum Leben unterscheidet sich grundlegend von den destruktiven Leidenschaften, die in jenem Teil unseres Gehirns schlummern, der noch aus unserer Reptilienvergangenheit stammt und die in Gewalt, Feindschaft und Sucht münden. Die gutartige, positive Leidenschaft äußert sich in einem intensiven, heftigen Interesse an allem Lebendigen, gleich, ob es sich um einen Menschen, ein Tier, eine Pflanze oder einen Berg handelt. So wie jemand leidenschaftlich und total begeistert nach einer seltenen Briefmarke, einem alten Auto oder einem anderen Sammlerstück sucht, nach einem Bild forscht oder nach einer Münze, die in seiner Sammlung fehlt oder wie jemand einen anderen Menschen begehrt, der ihm unerreichbar scheint, so verhält es sich mit dem leidenschaftlichen Interesse am Leben. Da diese Leidenschaft aber nichts ausschließt, weil sie sich für alles interessiert, fehlt ihr der Schmerz, der die Gier des Sammlers und die Sehnsucht des vergeblich Liebenden begleitet. Unser Gehirn muss wieder in eine intensive Wechselbeziehung zur Natur und der ganzen Außenwelt treten. Der Mensch ist, ob es ihm passt oder nicht, selbst ein Stück Natur und nur seine innige Beziehung zu den Vorgängen draußen, zu allem, was lebt und sich bewegt, stellt jenen Kraftschluss her, der seine Probleme löst. Dieses Interesse schließt Klima, Wetter, Wolkenbildung, Tiere und Pflanzen ebenso ein wie den Hauch der Luft, den Duft der Gräser und der feuchten Erde nach einem Regen. Es klammert nichts aus, die Erscheinungen der Außenwelt sind ihm gleichgültig, in des Wortes bester Bedeutung. Lust zu leben ist mehr als ein Gefühl - sie ist die Summe aller Lebensäußerungen: unserer Gedanken und Taten, unserer Visionen, Sehnsüchte und Wünsche, unseres

Verstandes und aller unserer Gefühle. Unser Leben darf nicht vor sich hinträumen, dem grauen Alltag ausweichend, der uns über weite Strecken umfängt. Wir müssen entflammen, brennen, lodern - dann öffnet sich uns eine Welt voller Zustimmung und Bejahung. Es stellt sich bei allem, was wir unternehmen, ein Gefühl von Richtigkeit ein und der Grauschleier verschwindet aus unserem Leben.

Meine Epistel über die leidenschaftliche Hingabe ans Leben klingt, als ob ich einem Hungernden das Schlaraffenland schildern würde, ohne ihm einen Bissen Brot zu geben. Wie gewinnt man einen solchen Geisteszustand? Wie lauten die Bedingungen, richtiger: die Voraussetzungen, die zu schaffen sind, damit unser Gehirn seine verborgenen Fähigkeiten nicht nur bei Lebensgefahr zu entfalten geruht? An dieser Stelle mag sich bei manchem heimlich der Gedanke vom Berufenen einschleichen, vom Schaf, geschieden von den Böcken und auserwählt von einer höheren Macht für ein besseres Leben. (Womit unversehens die Sinnfrage wieder im Hintergrund herumspukt.) Aber derlei Selbstzweifel sind nicht am Platz, wenn es um Fähigkeiten geht, die ohne jeden Zweifel in allen Menschen vorhanden sind. Sie treten nicht als Belohnung für Wohlverhalten zu Tage, weil zum Beispiel jemand extrem genügsam war und auf alles Vergnügen verzichtet hat. *Sie werden aktiv, wenn das Gehirn eines beliebigen Individuums - es könnte Ihres oder meines sein - die vermutlich seit vielen Jahren bestehende Stagnation durchbricht und wieder zu lernen beginnt!* Und wer während der Lektüre dieses Buches eine zeitlang sein Leben zum Versuchsfeld gemacht und ohne fremden Einfluss einen einzigen Beleg für das Zusammenwirken eines vielleicht zunächst nur hypothetischen göttlichen Urgrundes und jenen Tendenzen zum Wachstum gefunden hat, stellt die Frage, wie man es anzufangen hat, am Ende nicht mehr. Sigmund Freud[9] hat viel treffender, als ich es könnte, formuliert:

Wenn alle Beweise, die man für die Glaubwürdigkeit der religiösen Lehrsätze vorbringt, aus der Vergangenheit stammen, so liegt es nahe sich umzuschauen, ob nicht die besser zu beur teilende Gegenwart auch solche Beweise liefern kann. Wenn es gelänge, nur ein einzelnes Stück des religiösen Systems solcher Art dem Zweifel zu entziehen, so würde dadurch das Ganze außerordentlich an Glaubhaftigkeit gewinnen.

*

Zu den Störquellen unseres Wohlseins gehören unter anderem unsere seltsame Beziehung zur Realität und, von dieser gestörten Wahrnehmung der Gegenwart beeinflusst, unser Mangel an Mitgefühl, der seinerseits wieder die Folge eines unreflektierten Egoismus ist. Ich habe mir vorgenommen, Ihnen vernünftige Gründe zum Umdenken zu liefern und Ihnen vorab schon zu versichern, dass Sie keinen Schaden leiden oder in Nachteil geraten, wenn Sie sich zu einem größeren Interesse an der Umwelt und an Ihren Mitmenschen durchringen. Es gilt zu erkennen, dass wir weite Strecken unseres Lebens wie im Traum durchwandern, unsere Abwesenheit vom gegenwärtigen Geschehen ist beinahe pathologisch. Nur halb wach, unaufmerksam gegenüber dem vor unseren Sinnen pulsierenden Leben weilen unsere Gedanken permanent in anderen Zeitzonen. Der Verstand des Menschen ist hochtrainiert, er weiß unwahrscheinlich viel über noch mehr Dinge, in seinem Kopf nistet ein Lexikon mit Begriffen für Gegenstände, Szenen und Zustände - und man sollte meinen, dass er seine Inhalte zum Verarbeiten der Wirklichkeit benutzen würde. Aber leider setzt er sie ein, um ihr zu entkommen. Sein Umgang mit der Wirklichkeit ist der kümmerliche Versuch, Situationen in den Griff zu bekommen, indem er sie aus der Gegenwart herausfiltert und in Wörter und Sätze verwandelt. Unser seit Kindertagen fehlinformiertes Gehirn[10] lebt im Wahn, erst nachdem eine Erfahrung zur Idee geworden, zu Begriffen umgeformt ist, könne der Mensch Einfluss auf die Dinge nehmen.

Die Diskrepanz zwischen Wort und Realität bringt den Menschen von heute fortgesetzt in Schwierigkeiten. Sein Denken findet neben den bildhaften Vorstellungen der Phantasie vorwiegend mit Hilfe von Worten statt. Als fatale Folge werden Sinneserfahrungen nicht mehr unmittelbar, sondern nur noch über einen Filter von Begriffen erlebt.

Die geistige Entwicklung des modernen Menschen ist in eine Richtung gedriftet, in der er fast ausschließlich über die Sprache lebt. Er neigt dazu, seine Gedanken über einen Gegenstand für den Gegenstand selbst zu halten. Er hat Probleme, die Objekte seiner Wahrnehmung von den Namen zu unterscheiden, mit denen er sie belegt. Seine Beziehung zur Realität spielt sich primär und lange bevor sie in Gefühle mündet auf der verbalen Ebene ab. Es gilt zu begreifen, dass Gedanken an sich Nichttatsachen sind. Wenn uns in einer Dorfstraße ein Huhn vors Auto läuft, denken wir „Huhn", aber außer dem momentanen Reflex auf unserer Netzhaut sehen wir dieses Huhn nicht wirklich, wir murmeln lautlos das Wort und halten es für das Huhn. Die Sprache erspart uns, dass wir uns mit den Gegenständen und Erscheinungen unmittelbar befassen müssen. Jetzt stattfindende Ereignisse verarbeiten wir selten anders als über den Rückspiegel unseres Gedächtnisses. Der menschliche Verstand blockiert sich selbst. Kostbare Energie verpufft ins Nichts, weil er praktisch ohne Pause die Vorgänge seines Wahrnehmungsbereiches abstrahiert und Erfahrungen erst erlebt, wenn sie zu Erinnerungen geworden sind.

Welche Umstände haben den menschlichen Geist während seiner Entwicklung so nachhaltig beeinflusst, dass diese Daueranfälle von Realitätsflucht passieren können? Dass er quasi verlernt hat, mit ihr umzugehen und eine Menge Theoretiker sich sogar zu der Behauptung versteigen, Wirklichkeit sei subjektiv, eine objektive Realität gäbe es gar nicht? Vermutlich ist sich der Mensch schon sehr lange - und dies dürfte von mehreren möglichen Antworten eine der plausibelsten sein - der Risiken und Gefahren bewusst, die seine Existenz zu einer unsicheren, schlecht kalkulierbaren Angelegenheit machen. Der unausgesprochene Verdacht, in einem Universum zu leben, in dem Sicherheit nicht vorgesehen ist, sorgt für gemischte Gefühle, auch wenn der Einzelne sich aus gutem Grund weigert, dieser Wahrheit ins Gesicht zu sehen. Dem Seelenfrieden wäre es wenig förderlich, wenn man sich täglich beim Aufstehen klar machen würde, dass es für den Fortbestand des Status quo keine Garantien gibt. Dass praktisch jederzeit und ohne lange Vorwarnung das Unheil in Gestalt von Kündigungen,

Pleiten, Kreditpannen, Verkehrsunfällen, Beziehungskrisen oder Kursverfall an der Börse Einzug halten kann. Selbst in Augenblicken großer Freude lauert im Hintergrund unseres Bewusstseins eine Ahnung von Furcht, den frohen Anlass nicht bewahren zu können. Unsere Sorge zu verlieren, was wir haben und nicht zu bekommen, worum wir kämpfen, verleidet uns die meiste Zeit die Freude am Leben. Erschwerend fallen die monströsen Veränderungen unserer Gesellschaft ins Gewicht. Noch vor ein paar Jahren konnte niemand erkennen, wie die Machtstrukturen immer unmenschlichere Züge annehmen und die Einbrüche in die subjektive Sicherheit eskalieren würden. Wohl haben die Menschen heute mehr Rechte als im Mittelalter. Aber mehr Sicherheit haben wir trotzdem nicht gewonnen. Gegen diese Einsicht haben wir Dämme errichtet: unsere Position im Leben, unseren Glauben, unsere Überzeugungen, unser Weltbild - und nicht zuletzt das im Grunde irrationale Vertrauen darauf, dass zwar andere das Unglück trifft, uns aber verschont.

Aus dieser Misere der Ungewissheiten hat der geplagte, verunsicherte Mensch den Ausweg gefunden: Er tritt den Rückzug ins Refugium seiner Phantasiewelten an. Es ist, als ob man sich im Geist in fötaler Haltung in eine Höhle verkriecht, aus der man mit einem Gefühl von Wärme, Geborgenheit und Sicherheit den Lauf der äußeren Vorgänge beobachten kann, ohne sich sorgen zu müssen, dass man selbst attackiert und aufgestört wird. Man lässt die Außenwelt nur dort an sich heran, wo es unvermeidbar ist. Aber der Daueraufenthalt in der eigenen Phantasiewelt hat zwei Seiten und keine davon ist dem Glücksstreben des Menschen förderlich: Sein Körper samt dem Gehirn befindet sich in einer realen Welt, die er analog seiner Sehnsüchte, Wünsche und Ängste ideell umgestaltet. Er rückt sie seinen Bedürfnissen entsprechend zurecht ohne zu realisieren, dass er damit ein theoretisches Leben lebt, das in der Regel nur noch wenig Ähnlichkeit mit dem tatsächlichen hat. Weil in seiner Ideenwelt Elemente aus der realen Welt vorkommen - Personen, Orte, Räume, Nachrichten -, entsteht die Illusion von einer Welt, in der Idee und Wirklichkeit übereinstimmen. Wenn dann in schöner Regelmäßigkeit die Realität in diese Scheinwelt einbricht, ausgelöst durch irgendein unpopuläres Ereignis, reagiert der Mensch verstört, betroffen. Die wie eine Flutwelle seine Idylle überflutenden Tatsachen zwingen ihm die Stellungnahme zu einer Welt auf, mit der er wegen seiner Denkmuster nicht mehr vertraut ist. Wir fühlen uns verraten von Gott und unserer ideellen Welt. Am härtesten trifft uns in solchen Situationen der Mangel an Ideen, wie der Krise beizukommen wäre. Und während wir um Auswege ringen, formt unser Gehirn verrückterweise bereits wieder Bilder von einer zukünftig intakten Situation. Der Fehler, in einem idealisierten Universum leben zu wollen, rächt sich: Die Betroffenen können Fakt und Fiktion nicht mehr auseinander halten und akuten Herausforderungen wissen sie in der Regel auch nicht mehr angemessen und fehlerfrei zu begegnen. - Dies wäre die eine Seite eines glücksvermeidenden Fehlverhaltens.

Die andere Seite unserer Gewohnheit, abseits der Wirklichkeit in der Welt unserer Ideen zu leben, ist noch gefährlicher: Sie wirkt sich auf die Leistungs- und Lernfähigkeit unseres Gehirnes aus. Die mangelhafte geistige Verbundenheit mit der Außenwelt, das Desinteresse am Geschehen außerhalb der Privatsphäre des Individuums hat fatale Folgen für die menschliche Gehirnstruktur. Mit den Denkmodellen, die wir als zivilisierte Mitglieder unserer Gesellschaft verwenden, leben wir quasi in einem Vakuum. *Danach geurteilt, was wir von der Außenwelt an Tatsachen mitbekommen, bräuchte sie gar nicht vorhanden zu sein.* Für den Hausgebrauch würden uns unsere Erinnerungen und Meinungen über die Welt draußen vollständig genügen. Zum Beispiel ersetzt beim Spaziergang auf einem Weg, den wir schon oft benutzt haben, meist die Erinnerung die lebendigen äußeren Eindrücke. Wir kennen jede Bank, die am Wege steht, die Brücke über den Bach, die alte Trauerweide so genau, dass wir sie in der Gegenwart nicht mehr wahrnehmen. Mit anderweitig beschäftigten Gedanken befasst erleben wir das äußere Umfeld nur flüchtig und aus der Erinnerung. Das passiert uns sogar mit Menschen, die wir oft sehen. Wir sind so an ihren Anblick gewöhnt, wissen aus dem Gedächtnis so präzise, wie sie aussehen, dass wir gar nicht mehr genau hinschauen.

Da müsste schon jemand einbeinig antreten, damit uns eine Veränderung auffiele. Diese Konzentration auf unsere Ideenwelt sorgt auch dafür, dass wir nie richtig zuhören, wenn wir mit anderen Menschen sprechen. Wir formulieren bereits Antworten, Einwände oder Kommentare, während der andere uns etwas mitteilt. Ich habe in letzter Zeit sogar festgestellt, dass sich das Nicht-Zuhören selbst auf Briefe bezieht. Nicht einmal die Post wird mehr sorgsam gelesen. Es ist schon passiert, dass ich Freunden eine Mitteilung gemacht habe und Wochen später rufen sie an und fragen nach dem Ausgang der Geschichte, den ich ihnen schriftlich mitgeteilt habe. Kurzum: Das Gehirn baut ab, wenn es nicht mehr gefordert wird. Die Zellverbände verhärten sich, jede Gewohnheit lässt die Synapsen in unserem Kopf zu dicken Strängen anschwellen und wer sich gegen die Außenwelt innerlich so verschließt, wie der moderne Mensch es aus scheinbar gerechtfertigten Gründen tut, muss damit leben, dass sein Gehirn mit fortschreitender Zeit alle Flexibilität und seine Lernfähigkeit verliert. Und damit findet - meinetwegen aus verzeihlicher Unkenntnis, aber dennoch selbstverschuldet - ein Prozess statt, der während der besten Jahre das Lebensglück vereitelt und im Alter zu Debilität und früher Vergreisung führt.

Eine alte Volksweisheit besagt: *Wie mancher träumt von einer künftigen Glückseligkeit und verschläft darüber die gegenwärtige.* Das Tempo einer globalisierten Welt zwingt uns die Zukunft auf. Wir jagen unseren Visionen von Reichtum, Erfolg, Ansehen und Glück oder auch nur dem Erhalt und Fortbestand eines weitaus bescheideneren Status nach - und die lebendige Gegenwart findet uns abwesend. Uns fehlt die Muße und wir nehmen uns auch nicht die Zeit, die jetzt vorhandenen Qualitäten zu entdecken, geschweige, sie auszuschöpfen. Unser Geist weilt in der Ferne, wo am Ende des Regenbogens das Glück oder der Topf voll Gold auf uns warten. Dinge, die wir länger als ein paar Wochen besitzen, werden uns gleichgültig, weil wir uns an sie gewöhnt haben. Wenn uns der seltene Wurf gelungen ist, ein lange ersehntes und hart erkämpftes Ziel zu erreichen, spüren wir mit einem Mal, dass wir keine Freude darüber empfinden. Wir trösten uns und reden uns ein, dass die Erfüllung eben zu lange hatte auf sich warten lassen, aber in Wahrheit können wir mit dem endlich eingetretenen Glück nichts anfangen, weil es in der falschen Zeitzone, in der Gegenwart nämlich liegt. Solange unsere Phantasie sich die Erfüllung hoffend ausmalte, waren wir durchaus zu glücklichen Gefühlen fähig. Vom wirklichen Tatbestand dagegen fühlen wir uns betrogen, weil unser realitätsferner Geist mit dem endlich eingetretenen Ereignis nichts mehr anzufangen weiß. Nur Narren suchen das Glück des Lebens in der Zukunft (und Menschen, die nicht begriffen haben, dass es dort nicht zu finden ist). Sollten wir dem Glück begegnen, wird es jetzt in diesem Augenblick sein, ganz gleich, welches Datum wir schreiben, wie alt wir sind und welche Stunde die Uhr schlägt. Diese Begegnung wird jedes Mal flüchtig sein, intensiv, schmerzhaft in ihrer Gefühlsgewalt; das Glück entschwebt, wie es sich uns genähert hat, am selben Punkt, jetzt, in der Gegenwart. Wer es festhalten will und in Erinnerung verwandelt, bewahrt sich im Gedächtnis nicht das Glück und nicht die Stärke des Gefühls, er hält sich an einem Schatten fest, der ihn immer enttäuschen wird.

*

Intelligentes Lernen geschieht durch das direkte, wache, bewusste Erleben der äußeren und inneren Geschehnisse. Erlebtes Leben steigert die Empfänglichkeit für die Wirklichkeit und verändert die Reaktionsweise unseres Gehirns. Wer sich mit dem ganzen Sein der Welt öffnet, wird bald spüren, wie Innen und Außen ineinanderfließen. Das Gehirn bleibt jung und vital und in Krisenfällen wird es seine Impulse zum Handeln aus den Anforderungen der Gegenwart schöpfen und nicht aus den verknöcherten Erinnerungen an vergangene Erfahrungen. - Es gibt nach diesen schönen Sätzen jedoch ein Problem: Wer den ersten Anlauf nimmt und versucht, unmittelbar über die Sinne wahrzunehmen, wird rasch merken, wie anstrengend das ist. Weil Ihnen dauernd Ihre Gewohnheit des Verbalisierens dazwischengerät. Diese in unserem Kopf ablaufenden Mechanismen lassen sich per Willensakt leider nicht abstellen wie man einen Computer herunterfährt oder das Licht ausknipst. Die unwillkürlichen

Reflexe, alles Gesehene, Gehörte oder Gefühlte mit den Gedanken sprachlich zu fixieren, machen gegen unseren Wunsch weiter wie der Besen aus dem Zauberlehrling und man fühlt sich wie in einem Auto, dessen Motor weiterläuft, obgleich man den Zündschlüssel umgedreht hat. Auf den ersten, zweiten und dritten Blick scheinen Versuche, sein Wahrnehmungsverhalten zu ändern, unwiderruflich zu scheitern. Dem Anschein nach haben wir nur die Wahl zwischen zwei Übeln: Entweder wir machen weiter wie bisher und akzeptieren, dass uns möglicherweise ein Mehr an Qualität entgeht, freilich ein Mehr, das wir sowieso nicht kennen - oder wir halten am einmal gefassten Vorsatz, die Dinge zu ändern, fest und nehmen nach jedem Versagen einen neuen Anlauf. Mit dem Resultat, dass wir nach sehr kurzlebigen kleinen Erfolgen, wo es uns für ein paar Takte gelungen ist, in der Gegenwart zu verweilen, wieder ins alte Muster zurückfallen. Man konzentriert sich bei diesen ehrlichen, aber leider fruchtlosen Unternehmungen meist so stark aufs Nichtverbalisieren, dass einem derweil der Rest der Welt entgeht.

Der Schlüssel zur Lösung dieses Problems lautet *Interesse* und verlangt eine Geisteshaltung, die den Alltag ohne Scheuklappen verbringt. (Falls Ihnen der Begriff Scheuklappen fremd ist, sei er hier kurz erklärt: Es handelt sich um zwei ovale, flache und meist schwarze, etwa handtellergroße Plastikteile, die man Pferden rechts und links neben die Augen bindet, damit sie nur noch sehen, was direkt von vorne in ihr Blickfeld gerät. Auf diese Weise wird bei nervösen Gäulen vermieden, dass sie durch Vorgänge außerhalb dieses mechanisch begrenzten Sichtfeldes beunruhigt werden.) Unsere Scheuklappen sind immateriell, sie werden durch den Auswahlprozess unseres Gehirns gebildet, der festlegt, was uns zu interessieren hat und was wir besser übersehen sollten. Auswahlkriterium dafür, was in unser Bewusstsein dringt und was draußen bleibt, ist im Allgemeinen der Nutzen, den uns ein Sinneseindruck bringt oder der Schaden, den uns ein Vorgang unter Umständen zufügen könnte, wobei die Wahrnehmung eines uns schädlichen Ereignisses wieder in die Kategorie Nutzen fällt, denn es nützt uns, wenn wir Gefahr bemerken, auch wenn sie nur eingebildet ist. Auch unsere unbewussten Ängste bestimmen die Auswahl der Eindrücke, die wir an uns heranlassen, wesentlich mit. Es sind sogar hauptsächlich unsere heimlichen Ängste, die uns am Blick auf die Gegenwart hindern, denn wir ahnen, dass in diesem Jetzt die Zukunft in Form von noch nicht stattgefundenen Ereignissen eingelagert ist samt deren stark oder schwach wahrscheinlichen Tendenzen, demnächst Realität zu werden. Und vor vielen dieser vielleicht nie oder höchstens in sehr moderater Form eintretenden Ereignissen fürchten wir uns in den Wachträumen unserer privaten Apokalypse. Ein Spruch von Ralph Waldo Emerson trifft in dieser Beziehung den Nagel auf den Kopf:

Ein paar deiner Wunden heilten,
Die tiefsten hast du überlebt,
Doch vorm Übel, das niemals eintrat,
Hast in Folterqual du gebebt.

Unsere selektive Wahrnehmung, der obendrein der Mangel anhaftet, dass uns das Erlebte erst bewusst wird, wenn wir es über den Rückspiegel betrachten, betrifft vor allen Dingen und leider auch andere Menschen. Hart ausgedrückt, interessieren uns im Allgemeinen Personen, die uns weder nützen noch schaden, keinen Pfifferling. Und da die Welt voll von diesem für uns uninteressanten Menschentyp ist, bleibt für unser bewusstes Erleben in der Relation zum maximal erfahrbaren Spektrum nur ein winziges Häufchen von Eindrücken übrig. Der Schwenk hinweg von dieser subjektiven und außerordentlich engstirnigen Art, der Wirklichkeit zu begegnen, verlangt den Sprung über den eigenen Schatten, sprich: über die eigenen Ängste und Vorurteile. *Ich muss mich dazu überwinden, Interesse für alle Vorgänge der Außenwelt aufzubringen, so öde, langweilig und mir scheinbar wenig nützlich sie sein mögen.* So einfach ist das - und so schwer. Dennoch, der Aufwand zahlt sich aus und der Lohn am Ende des steinigen Weges wird sichtbar: Wenn ich mich sehr ernsthaft für alle sich vor meinen Sinnen abspielenden Ereignisse interessiere, werde ich nach verhältnismäßig kurzer Zeit bemerken, dass ich sehr wohl *und ohne Anstrengung(!)* fähig bin, meine Wahrnehmung auf das unmittelbare

Geschehen zu richten. Bald spüre ich, wie dieses lebendige Interesse selbst inmitten von Alltagsroutinen und Phasen, in denen nichts Spektakuläres geschieht, unversehens ein Gefühl prickelnder Vitalität in mir auslöst. Ich spüre die Welt, als gehöre sie zu meinen Gliedmaßen und fühle die gewaltige Bewegung des Lebens in seiner Ganzheit. Früher oder später wird etwas Wundersames passieren, nämlich, dass sich ganz leise und unbemerkt meine Alltagswahrnehmung verändert. Ich registriere, wie mir neuerdings Winzigkeiten ins Blickfeld und ergo ins Bewusstsein geraten, die mir früher nie aufgefallen wären. Man bemerkt plötzlich die kleinen Fältchen in den Augenwinkeln der Liebsten, schaut in das verhärmte Gesicht des Pförtners, der einem jahrelang nur ein Gegenstand der Hauseinrichtung war, man weicht dem Regenwurm auf dem Pflaster nach dem Regenschauer aus und der Sonnenstrahl, der einsam durch eine Ritze scheint, bewirkt ein unglaubliches, spontanes Glücksgefühl.

Richtig angepackt, artet das Unternehmen, sich zu ändern, nirgendwo in Stress aus. Weil Sie keinen vorgegebenen Mustern oder Regeln mehr folgen. Sie sehen sich ohne den Vergleich mit irgendwelchen Idealen so, wie Sie tatsächlich sind. Weil Sie auch in Richtung Ihres Inneren aufmerksamer geworden sind, sehen Sie Ihre Stärken und Schwächen in einem unvoreingenommeneren, neutraleren - und vor allem ehrlicheren Licht. Aufmerksam sein bedeutet, dem ganzen Gefüge des Geistes, des Fühlens und Denkens und damit des Handelns eine neue, vitalere Richtung zu geben. Wer einmal dieses Gefühl beginnenden Wohlseins erfahren hat, braucht keine weitere Aufmunterung, damit er den begonnenen Prozess fortsetzt. Es ist die Freude des Gelingens ohne den dauernden Kampf einer konfliktbeladenen Psyche und ihrer widersprüchlichen Strebungen. Diese Betrachtungen sind nicht frei erfunden und Theorie sind sie für die Leserinnen und Leser nur vor Beginn eigener Versuche. In diesen Kapiteln schlagen sich im Laufe eines Jahrzehntes geführte Gespräche und der Erfahrungsaustausch mit vielen hundert Menschen nieder. (Was eine repräsentative statistische Aussage zulässt.) Ich könnte das halbe Buch mit Geschichten füllen, die mir erzählt worden sind. Da aber die Erkenntnisse meines

Nächsten mir nichts nützen, solange ich sie nicht selber habe, verzichte ich weitgehend auf seitenfüllende Berichte und gebe zum Kapitelschluss lieber eine Beobachtung zum Besten, die ich mit unserem Dackel und einer unserer Katzen, sie heißt Tigerlilli, gemacht habe. Und noch eine abschließende Warnung sei mir gestattet: vor dem Syndrom der Erhabenheit. Es besteht die Gefahr, dass Ihre menschliche Umgebung plötzlich zu fremdeln beginnt. Ich habe mir oft die Klage anhören müssen, dass Menschen, die ernsthaft bemüht waren, aus ihrem Leben etwas Besseres zu machen und an sich gearbeitet haben, hinterher den Kontakt zu Angehörigen und Freunden verloren. Weil sie zu provokativ einen Wandel betonten, der oft noch nicht einmal echt war. Sie präsentierten sich in einer neuen, von ihrem Wunschdenken gestalteten Rolle und stießen die andere Leute durch verbale Äußerungen ihrer Überlegenheit vor den Kopf. Und hinterher wunderten sie sich über die Ablehnung, auf die sie überall stießen. Ihre zur Schau gestellte Erhabenheit hatte sie in die Isolation getrieben.

*

Tigerlilli und der Stoffhund

Unser Dackel hat als Spielzeug einen Stoffhund, und der liegt immer irgendwo im Zimmer herum. Eines Tages hat ihn beim Aufräumen meine Frau zum Spaß aufrecht in den Hundekorb gesetzt. Die Katze, die den standortlosen Stoffhund sonst als Bestandteil des Fußbodens ignoriert, bemerkte den Fremdkörper im Hundekorb. Und änderte plötzlich ihr Verhalten. Sie schlich sehr, sehr vorsichtig näher, langgestreckt, ihr Bauch streifte fast den Boden. Wachsam und fluchtbereit beschnupperte sie ihn sorgfältig von oben bis unten, dann trat die Pfote in Aktion, sie schubste das Stofftier herum, bis es umfiel - erst an diesem Punkt ihrer Untersuchung stufte sie es als ungefährlich ein. Die Katze hat uns mit ihrem Verhalten eine kleine Lektion erteilt. Sie blickt mit immer neuen Augen in die Welt, frei von Blindheit gegenüber dem Gewohnten, und selbst das Vertraute wird ihr auf der Stelle fremd, wenn sich etwas daran verändert, und sei es nur der Platz, an dem es auftaucht. Auch unsere anderen (vier) Katzen registrieren jede Veränderung auf unserem Anwesen. Es braucht bloß ein Stein anders zu liegen oder irgendein Gegenstand dazugekommen zu sein, ein vom Wind heruntergetriebener kleiner Ast, ein stehengebliebener Rechen oder ein Eimer, und schon wird auf der Stelle alles gründlich untersucht. Nur wir Menschen haben so viele in unserer Natur angelegte Gaben verloren - höchste Zeit, sie wiederzufinden.

5. Kapitel

Egoismus und Mitgefühl

Es ist nun sehr wahrscheinlich, dass der Nächste, wenn er aufgefordert wird, mich so zu lieben wie sich selbst, genau so antworten wird wie ich und mich mit den nämlichen Begründungen abweisen wird. Ich hoffe, nicht mit demselben objektiven Recht, aber dasselbe wird auch er meinen.

Sigmund Freud[11]

Das biblische Gebot, seinen Nächsten zu lieben wie sich selbst, überfordert den Menschen nicht erst heute. Würde mich jemand in die Zeitmaschine aus einem Sciencefiction-Roman setzen und mir einen Blick in verschiedene Zeitalter der Vergangenheit gestatten, ich glaube nicht, dass mir irgendwo der Hang zur Nächstenliebe als besonderes Merkmal dieser Zeit auffallen würde. Allerdings halte ich es in diesem fiktiven Beispiel auch für äußerst unwahrscheinlich, dass mir eine Ära unterkäme, in der noch weniger Mitgefühl vorzufinden wäre als jetzt unter den Menschen des beginnenden dritten Jahrtausends. In seiner Ansprache anlässlich der Verleihung des Nobelpreises sagte Albert Schweitzer sinngemäß: „Uns hätte längst zu Bewusstsein kommen sollen, dass wir als Übermenschen zu Unmenschen geworden sind." Und in seinem Buch Kriminalpsychologie schreibt der Psychologe Hans Gross[12]: „Egoismus, Faulheit und Eitelkeit sind die einzigen Triebfedern im Menschen, auf die man sich stets und unbedingt verlassen kann." Trotz der folgenden und im Sinne der Zielsetzung dieser Arbeit unvermeidbaren Kritik am Verhalten des Menschen heute glaube ich an das Gute in ihm. Seine Hilfsbereitschaft am Nächsten, seine Fähigkeit zum Engagement, sein Streben nach positiver Veränderung, seine Bemühungen, die Welt besser und erträglicher zu machen, sind nicht ausgestorben. Ich bewundere Organisationen wie Cap Anamur, Greenpeace, Amnesty International, Caritas, das Rote Kreuz und ebenso die Demonstrationen gegen Nationalismus und Fremdenfeindlichkeit mit ihren Lichterketten und ich erkenne auch die Fähigkeit zu spontaner Verbrüderung mit Fremden. Nicht zu vergessen die Zuneigung für Familie, Freunde und Beruf, das Streben nach Harmonie und Frieden. Der Mensch besitzt so viele gute Eigenschaften, aber der Druck der Zeit gibt ihm wenig Gelegenheit, so zu sein, wie er ist. Zu intensiv muss er sich mit dem eigenen Überleben und seinem Fortbestand beschäftigen, um den gewaltigen Herausforderungen der Globalisierung, Verhärtung und Entmenschlichung standzuhalten, als dass er noch den Freiraum hätte, in dem sich die positiven Gaben über seinen engsten Lebensbereich hinaus entfalten könnten. Nichtsdestoweniger muss in diesem Zusammenhang ein bedeutsames Faktum beachtet werden: Wann immer durch eine gütige Fügung, meinetwegen des Schicksals, einem Menschen Hilfe zuteil wird - es sind jedes Mal andere Menschen, von deren Entscheidungen und Taten sie herkommt. Klammern wir rettenden Regen nach einer Dürre und andere Segen spendende Naturereignisse aus, dann handelt es sich bei aller Unterstützung, die ein problembeladener Mensch bekommen kann, um die Aktion von Mitmenschen. Wer an die Wirkung von Gebeten und an Gott glaubt, der sie erhört, wird einräumen, dass selbst dort das Walten Gottes in Gestalt handelnder Menschen stattfindet. Zuneigung, Mitgefühl und Liebe kommen nicht aus dem Weltraum und sehr wahrscheinlich verteilt diese Gaben keine höhere Macht auf Bestellung - sie sind im Menschen, in der Struktur seines Gehirnes angelegt und würden sich entfalten, wenn wir Erdenbürger in unserem verblendeten Egoismus der humanen Natur unseres Wesens nicht andauernd entgegen leben würden.

*

Wir dürfen der Auseinandersetzung mit den Schwachstellen der menschlichen Mentalität nicht ausweichen, denn wer seine Grundannahmen ändern will, sollte mindestens wissen, wo überall er den Hebel ansetzen muss. Mitgefühl, Liebesfähigkeit und Egoismus hängen eng miteinander zusammen, das eine beeinflusst das andere so nachhaltig, dass wir alle drei Phänomene betrachten müssen, wenn wir den Glückshemmern auf die Spur kommen und Abhilfe schaffen wollen. Nach dem Motiv für die eigene Egozentrik und Abkapselung befragt, neigen wir zu spontanen, gelegentlich sogar zutreffenden Schuldzuweisungen. Wenn es uns nicht gut geht, sind die anderen schuld. Die Eltern, weil sie uns nichts Gescheites lernen ließen oder uns kein Vermögen vererbt haben, die Lebenspartner, weil sie unsere Freiheit beschränken, die Vorgesetzten, weil sie unseren Aufstieg hemmen, uns schikanieren oder beides, die Kunden und Auftraggeber, weil sie uns zu wenig frequentieren. Die Kirche stempelt uns zu Sündern und vergällt uns die Lebensfreude, wenn wir ihr gehorchen, und die Banken wollen dauernd Gebühren und Zinsen von uns haben. Unsere Autos werden wie Bügeleisen unmodern, ehe sie fertig bezahlt sind, gar nicht zu reden von unserer Kleidung, die schneller aus der Mode kommt, als wir sie dem Roten Kreuz oder der Heilsarmee spenden möchten. Und wer abends oder am Wochenende einen Arzt braucht, erreicht nur den Anrufbeantworter, wer den Notdienst anruft, wird im Zweifelsfall auf der Stelle ans nächste Krankenhaus verwiesen. Bei Geselligkeiten redet jeder nur von sich und seinen Interessen und keiner geht auf den anderen ein. Wenn ich bei einem solchen Anlass und längerem höflichem Schweigen endlich mal mit Reden an der Reihe bin, lauern die anderen nur darauf bis ich Luft hole, und schon sind sie wieder am Zug und fahren an dem Punkt fort, wo sie vorhin aufgehört oder von einem weniger höflichen Zeitgenossen unterbrochen worden sind. Aber auf das, was ich zum Besten gegeben habe, geht kein Mensch ein. Der Mangel an Interesse an der Allgemeinheit ebenso wie am Nächsten hat sich durch das notorische menschliche Fehlverhalten selbst organisiert. Loyalität bringen wir am liebsten dort auf, wo sie uns nichts kostet und keine Gefahr für unsere Sicherheit bedeutet oder wo Loyalität uns Nutzen bringt.

Selbst wer erkennt, dass er persönlich dazu beiträgt, diesen Teufelskreis am Leben zu erhalten, wagt nicht auszuscheren aus Sorge, dass die anderen nicht mitziehen und er am Ende übervorteilt wird.

Die Behauptung in neueren Aufsätzen, für den Typ des modernen Menschen zähle nur das Hier und Jetzt, halte ich schlichtweg für falsch. Nur seine Gier ist permanent gegenwärtig, die jetzt, und zwar subito, alles will. Das Verlangen nach Lustgewinn ist *jetzt* präsent, aber es eilt, wie der Esel der Rübe an der Angel vor seinem Maul, einem Erleben hinterher, das mit jedem Griff danach immer rascher in die Zukunft entschwindet. Die gesellschaftsumspannende, hemmungslose Gier ist es, die erst möglich macht, dass der Mensch in seiner Rolle als Verbraucher manipulierbar und auch nach Strich und Faden manipuliert *wird*. Diese Gier, die wir aus der Kindheit ungebremst übernommen haben, hat im Erwachsenenleben des Menschen dieses anbrechenden Jahrtausends eine Steigerung gefunden, die rational nicht mehr erklärbar ist. Wenn zum Beipiel (wie geschehen) eine Supermarktkette Computer anbietet, die hundert Mark billiger sind als anderswo und in der Werbung als limitierte Stückzahl angekündigt werden, stehen die Interessenten halbe Nächte vor den Pforten dieser Läden Schlange - und am Ende prügeln sie sich fast um die letzten Stücke. Ich frage mich, wo hier die Menschenwürde bleibt. Während des Krieges, erinnere ich mich, hat die Wochenschau einmal russische Kriegsgefangene hinter Stacheldraht gezeigt. Es wurde gefilmt, wie die deutschen Wachposten ihre Zigarettenkippen durch den Stacheldrahtzaun warfen und wie sich die Gefangenen um diese Zigarettenreste gerauft haben. Das Szenarium war abscheulich und der Sprecher kommentierte das Verhalten dieser halb verhungerten Menschen selbstgefällig als Indiz ihres Untermenschentums. Aber bitte: Ist das Verhalten der PC-Käufer im fraglichen Supermarkt einen Deut besser? (Zumal als Reaktion auf diese Sonderaktionen die etablierten Computerläden sofort mit entsprechenden Billigangeboten nachzogen.) In meinen Augen, aber hoffentlich auch neutral besehen, sind diese Verhaltensmuster signifikante Merkmale eines hemmungslosen Egoismus. Bei Kindern ist es verzeihlich, wenn sie sich um Bonbons raufen, die vom Karnevalswagen beim Umzug unters Volk geworfen werden. Aber ein ausgewachsenes Exemplar von Mensch? Warum verlieren die Leute jedes Gefühl von Anstand, wenn es um ein Schnäppchen geht? Und selbst wenn es sich bloß um ein paar Blümchen handelt, die jemand kostenlos verteilt, geraten sie sich in die Haare. Da mischen sogar Menschen mit, die finanziell gut genug gestellt sind, einen halben Blumenladen auszukaufen. Der Hunger nach Glückserleben muss selbst durch winzige Achtungserfolge gestillt werden, wenn sich jemand ein paar Bonbons, ein Blümchen oder einen billigen PC vor der ebenso gierigen Konkurrenz sichern kann. Mir fallen diese Weinproben ein, die auf Messen und Ausstellungen veranstaltet werden. Die Leute lassen sich Gratisproben einschenken und ein guter Teil revanchiert sich anschließend durch eine Bestellung, weil er sich einredet, er wolle sich sowieso mal wieder einen kleinen Weinvorrat in den Keller legen. Dass diese Weine in der Regel teurer sind, als man sie im Laden bekäme und dass man besser seine Drinks irgendwo gegen Bezahlung eingenommen und trotzdem noch Geld gespart hätte, realisieren die wenigsten.

Einer der führenden Männer der deutschen Arbeitgebervertretung äußerte vor gar nicht langer Zeit bezüglich des Rentenproblems, es würde eine Menge Geld sparen, wenn man beim Tod des Rentners die Weiterzahlung der Altersrente an den überlebenden Ehepartner wegfallen ließe. Selbst wenn der Mann das unüberlegt gesagt hat, was ich bezweifle, ist es ein Beleg für seine Gewissenlosigkeit. Stellen Sie sich vor: Ein alt gewordenes Ehepaar lebt von der Rente des Mannes. Er stirbt - und die Witwe bleibt mittellos zurück. Es genügt nicht, dass sie den geliebten Lebenspartner verliert, sie verliert alles. (Vielleicht hatte der bewusste Funktionär, falls er überhaupt nachgedacht hat, die indische Witwenverbrennung im Sinn.) Sie können mir jetzt unterstellen, ich hätte bösartig einen seltenen Einzelfall ausgewählt, der, falls wahr, keinesfalls repräsentativ für die Geisteshaltung anderer Männer in Machtpositionen der Wirtschaft ist. Gott segne Ihr Vertrauen, aber die Leitbilder und Führungspersönlichkeiten unserer Gesellschaft - und ich meine damit die globale Gesellschaft, nicht die einheimische speziell - agieren mit der Grausamkeit von Kindern. Sie nehmen für sich in Anspruch, Verantwortung zu tragen, aber ihr Interesse gilt nicht den Menschen, es gilt der Sache, dem Erfolg, dem Profit, dem eigenen Vorankommen und Positionserhalt, niemals Ihnen oder mir.

In die Kategorie des hemmungslosen Egoismus fällt auch die Brutalität vieler Männer, mit der sie mit ihren Partnerinnen umspringen, mit der sie ihre so genannte Männlichkeit durch Gewalt und Rücksichtslosigkeit hervorkehren, wobei sie auf ihre Härte auch noch stolz sind. Es ist leider wahr und oft beobachtbar, dass Männer, deren Väter während ihrer Kindheit den wilden Mann herausgekehrt haben, oft selbst zu solchen Tyrannen werden. Oder ihr Gegenstück, die anderen Typen, hinter denen her ein Leben lang aufgewischt worden ist. Zuerst von der Mutter, dann von den jeweiligen Partnerinnen oder Geliebten oder von bezahlten, in jedem Fall wirtschaftlich von ihnen abhängigen Personen. Sie müssen immer an jemandes Schürzenzipfel hängen - meist besitzen sie genügend Charme, ihre arglose Umgebung gründlich auszunützen. Oder die so genannten Softies, die ihren Freundinnen ewig auf der Tasche liegen und Geld abzapfen: fürs Studium, fürs Auto, für eine Geschäftseröffnung, für Haschisch oder Alkohol. Männer, die ständig jemanden brauchen, der für sie da ist, ihnen zuhört, sie bewundert, ihnen schmeichelt, ihre Wünsche erfüllt und der auch nicht beleidigt sein darf, wenn sie gelegentlich untreu sind. (Im Falle eines Falles schneidet der ertappte Herzensbrecher ein zerknirschtes Gesicht, bekommt diesen gewissen Dackelblick und überlegt sich derweilen bereits, ob es schon reicht und sie genügend weichgekocht ist, damit er ihr wieder mit neuen Ansprüchen kommen kann.) Frauen kommen in Punkto Egoismus selbst bei kritischer Beurteilung ihres Verhaltens besser weg als die Männer. Einmal, weil sie bereits mit vierzehn um einiges reifer sind als ihre männlichen Altersgenossen und zum anderen, weil sie trotz aller Emanzipationsbewegung nach wie vor eher benachteiligt sind, als dass sie die Oberhand gewännen. Gewiss gibt es Ausnahmen und mir sind wie Ihnen auch Berichte über den extremen Egoismus und die Allüren arrivierter Frauen zu Ohren gekommen. Aber nach meiner Erkenntnis zahlen diese Menschen einen unglaublich hohen Preis für die erreichte Position, von der aus sie ihre Rache an allen Machos ihres Lebens nehmen. Ich kann mir schwer vorstellen, dass auch nur eine von ihnen besonders glücklich ist. Außerdem verweise ich auf die Nachbemerkung des Vorwortes: Im Großen und

Ganzen spreche ich Frauen und Männer gleichermaßen an, wenn ich vom Menschen allgemein rede und jede(r) mag sich jene Scheibe abschneiden, die gegebenenfalls (und hoffentlich) die nötige Betroffenheit bei ihm auslöst.

Unsere Unfähigkeit zum Verzicht ist ein weiterer schwerwiegender Mangel, der das Zusammenleben und die Kooperation mit anderen Menschen beeinträchtigt. Wo die Bereitschaft fehlt, gelegentlich freiwillig auf etwas zu verzichten, herrscht allein die Gier. Eine Gier, die nirgendwo und in keinem Fall geeignet ist, auch nur ein winziges Fetzelchen Glück zu bescheren. Sie quält und treibt den von ihr Befallenen voran und richtet überall, wo sie auftritt, nur Schaden an. Ich kenne eine Anzahl Personen, die auf Reisen eine Anspruchshaltung an den Tag legen, die wirklich an das ungezogene Benehmen kleiner Kinder erinnert. Sie kritisieren alles und jedes, da sind die Betten zu weich oder zu hart, die Decken zu dünn, die Zimmer zu stark oder zu schwach geheizt, und wenn nachts im Flur ein Gast vorbeimarschiert, reklamieren sie anderntags sofort Ruhestörung oder gar Wertminderung und verweigern den vollen Rechnungsbetrag. Sie telefonieren stundenlang und beanstanden später die hohen Telefongebühren, sie nörgeln am Essen herum, laden sich am Büffet viel zu große Portionen auf den Teller - da waren die Augen größer als der Magen, sagt man bei Kindern -, dann stochern sie lieblos im Essen herum und lassen einen Teil davon ungegessen zurückgehen. Im Ausland sind es genau diese Typen, die sich immer daneben benehmen, sich betrinken, Radau machen, aber Lärm sofort beanstanden, wenn er von anderen verursacht wird. Dieser leider weit verbreitete Menschentyp trägt die Tatsache, dass andere wenig Glück im Leben haben, mit wahrhaft christlicher Fassung. Sie empfinden es nicht sonderbar, wenn dem Nachbarn nichts gelingt, aber wehe, wenn ihnen ein Vorhaben aus dem Ruder läuft. Dann werden Schuldige gesucht, wenn sich keine Fremden als Sündenböcke finden, müssen Partner oder Familienangehörige herhalten. „Du wolltest doch unbedingt nach Mallorca, jetzt sieh dir diese Schweinerei an, daran trägst alleine du die Schuld - wären wir an die Nordsee gegangen, wie ich es wollte, wäre uns das nicht passiert.“ Es sind dies jene Menschen, die grundsätzlich fordern, man habe Rücksicht auf sie zu nehmen, von denen aber ihrerseits nichts dergleichen ausgeht.

Ein markantes Fallbeispiel für Gier und Egoismus ist die Börse. Hier treffen kontroverse Elemente aufeinander, deren einziges Interesse Geld ist. Die Wertpapiere ausgebenden Konzerne wollen Kapital aufstocken (damit sie es wieder in den Sand setzen und am Personalbestand einsparen können), die Kleinanleger folgen einem Massenwahn, sie kaufen hemmungslos und wie wild, fast immer durch und durch korrupten, interessenbezogenen Ratschlägen folgend. Sie erkaufen sich mit ihrem bisschen Geld die Illusion von wachsendem Reichtum, doch dieser ist nur in Gestalt von Kursnotierungen vorhanden. Sobald eine größere Zahl von Anlegern versucht, den Kursgewinn einer bestimmten Aktie zeitgleich zu realisieren, kann es passieren, dass aufgrund des Überangebotes der Kurs einbricht. Das Geld in ihren Träumen vom pekuniären Glück hat nur so lange einen relativen Wert, wie sie es dort lassen, wo es gebunden ist: in den Papieren. Wer gegen Hinterlegung seiner Aktien bei einer Bank einen Kredit aufnimmt, wird rasch gewahr, wie es um den realen Wert seiner Papiere bestellt ist: Er bekommt höchstens vierzig bis fünfzig Prozent des aktuellen Kurswertes beliehen, sofern es sich um eigene Aktien der Bank handelt, vielleicht auch sechzig. Aber damit ist die Obergrenze erreicht. Und dabei mag es sich um genau die Bank handeln, die dem Betroffenen anlageberatend zu den eingekauften Papieren verholfen hat.

Der Erbitterung des kleinen Kaufmannes gegen die Monopolgesellschaften hat Luther in seinem 1524 gedruckten Pamphlet Von Kaufshandlungen und Wucher beredten Ausdruck verliehen: „Sie haben alle Ware unter ihren Händen und machens damit, wie sie wollen, und treiben ohn alle Scheu die obberührten Stücke: daß sie (die Preise) steigern oder erniedrigen nach ihrem Gefallen und drücken und verderben alle geringen Kaufleute gleichwie der Hecht die kleinen Fische im Wasser, gerade als wären sie Herren über Gottes Kreaturen und frei von allen Gesetzen des Glaubens und der Liebe.“

Erich Fromm[13]

Diese Story kommt uns doch verzweifelt bekannt vor. Schon im sechzehnten Jahrhundert sind die Kapitaleigner nicht davor zurückgeschreckt, die kleineren Unternehmer zu vernichten, damit sie am Ende die Marktpreise diktieren konnten. Die Menschen damals mussten sich das bieten lassen, weil sie nicht über die Machtmittel verfügten, diesen Manipulationen zu begegnen - aber heute? Wer hat heute denn eine Idee, wie diese furchterregende Tendenz zur Bildung weltweiter wirtschaftlicher Machtblöcke eingedämmt oder verhindert werden könnte? Unsere Währungshüter wachen über die Stabilität des Geldes und sorgen vor, dass es keine Inflation gibt. Aber gar nicht so weit unter der Oberfläche findet eine ganz andere, viel gefährlichere Art von Inflation statt: die Inflation der Aktien, der Geschäftsanteile. Die Konzerne geben so oft es geht neue Anteilscheine aus - und die manipulierten kleinen Leute opfern ihr bisschen Geld dafür und heizen eine Inflation an, deren Zeche sie früher oder später - eher früher - mit ihrem Ersparten bezahlen werden. Man könnte den Großunternehmen ebensogut zur gefälligen Selbstbedienung eine Gelddruckmaschine in die Chefetage stellen. Denn die echten Werte ihres Anlagevermögens einschließlich eines fiktiven Firmenwertes liegen weit unter der Summe ihrer Börsennotierungen. Sie vergrößern sich durch Ausweitung ihres Betriebskapitals und geben mit ihren Aktienzertifikaten eine Art Schuldschein aus, den sie normalerweise niemals zurückzahlen müssen.

Ein anderes Symptom im Krankheitsbild einer mitgefühlsarmen, glücklosen Gesellschaft sind die Nachrichten. Die Schlagzeilen des Tages werden von den Medien nach dem Grundsatz ausgefiltert, dass nur eine schlechte Nachricht eine gute Nachricht ist. Die Welt des Menschen zu Beginn des dritten Jahrtausends ist zersplittert, zerlegt in Einzelinformationen und mit heftigen Gefühlen aufgeladen. Die

Medien sind die Auslöser dieser Gefühle, aber sie können nichts auslösen, was nicht auf unsere Aufnahmebereitschaft trifft. Wir werden über das Gute zu wenig und über das Böse zu ausführlich informiert. Wenn ein Mensch lebenslang unbestechlich bleibt, treu und human, ist dies der Presse keinen Zweizeiler wert. (Es sei denn eine kurze Notiz, wenn der Bundespräsident Ihnen für hervorragende Leistungen das Verdienstkreuz an die Brust heftet.) Nimmt dagegen ein Politiker von der Hinterbank seiner Fraktion ein einziges Mal das Angebot einer kostenlosen Privatfahrt von einem Geschäftsmann an und wird ertappt, steht er sofort am Pranger, und falls er je Gutes bewirkt hat, zählt es nicht mehr, seine Verdienste werden ihm nicht gegen die Anschuldigungen aufgerechnet. Ich denke, dass an der Überfütterung mit schlechten Nachrichten unsere Sensationsgier schuld ist. Zeitungen und Fernsehsender würden sich hüten, allzuviel davon zu bringen, wenn das Publikum derartige Berichte ablehnen würde und stattdessen mehr Aufschluss über positive Vorgänge erwartete. Ich habe den Verdacht, dass diese Sensationslüsternheit im Grunde ein aus Angst geborener Ersatz für eigenes Unglück ist. Was anderen widerfährt, ist schon uns nicht passiert. So sind die vom Unheil Betroffenen zugleich unsere Opfergaben zur Beschwichtigung der Schicksalsgötter, damit sie uns verschonen. Möglicherweise stoßen gute Nachrichten auch deshalb auf Desinteresse, weil sie vom Glück anderer berichten - sie erwecken unseren Neid, weil uns weniger gelingt. Massenweise Berichte über Gelingen, Wohlergehen und Erfolg würden uns zu deutlich unsere eigenen Glücksdefizite vor Augen führen.

Wir lassen fremde Menschen nicht gerne an uns heran und halten im Umgang mit ihnen strikten Abstand. In meiner Leserpost fällt mir immer wieder auf, wie schwer sich manche mit Anrede und Grußformel tun. Ich unterschreibe meine Briefe fast immer „mit herzlichem Gruß“, und beginne mit „liebe Frau“ oder „lieber Herr“, wohingegen bei Antworten auf meine Post auffällt, dass sich viele bloß zur Formel „mit besten Grüßen“ oder „...alles Gute wünschend“ durchringen können. Diese verbalen Schutzreflexe trifft man heute überall. Wenn ich beim Einkaufen dem Mädchen an der Kasse freundlich zulächle, ist die

Reaktion meines Gegenübers meist reserviert bis misstrauisch. Erst wenn ich das Geschäft öfter aufsuche, tauen die Menschen auf und oft wird sogar zurückgelächelt. Das irrationale Problem bei Begegnungen mit uns unbekannten Menschen ist, dass wir hinter jedem Fremden einen potenziellen Konkurrenten wittern. Wir brauchen Signale der Entwarnung, ehe wir ihm offen und freundlich entgegenkommen. Diese Reaktion ist verständlich, weil die anderen sich uns gegenüber ebenso reserviert benehmen. Ich habe einmal in einem Appartementhaus gewohnt, wo ich kaum von den nächsten Wohnungsnachbarn den Namen wusste, von Informationen über Familienstand und Beruf gar nicht zu reden. In dörflichen Gegenden, wo innerhalb einer Ortschaft die alteingesessene Generation über Kreuz miteinander vervettert oder verschwägert ist, kennt jeder jeden. Wer in ein solches Gemeinwesen neu hinzuzieht, tut sich schwer bei seiner Integration. Ich weiß von Dörfern, in denen können Sie seit zwanzig Jahren wohnen und Sie gelten immer noch als Fremde. Das Stammesdenken ist in unserer Zivilisation beileibe nicht ausgestorben. Die Tendenz, sich zu isolieren, einen Sicherheitskordon um sich herum zu installieren und ihn gegen alles Fremde, Unbekannte zu verteidigen, ist ein Verhalten, das im Grunde von notorischer Unsicherheit zeugt.

Der moderne Mensch lebt mitten unter seinesgleichen, aber er ist innerlich von den anderen isoliert. Über New York gibt es den berühmten Spruch: *Eine Stadt, in der Millionen Menschen einsam zusammenleben.* Der Wettbewerb ums Vorankommen und Standhalten ist inzwischen so mörderisch geworden, dass die Individuen, die eine soziale Gemeinschaft bilden, kaum noch eine andere Wahl sehen, als sich abzuschotten. Die Folge ist eine immer krasser werdende Vereinsamung des einzelnen Menschen. Die Jugendlichen bilden zwar ihre Gruppierungen, haben ihre Treffs, aber die Kommunikation zwischen ihnen ist inzwischen auf ein Minimum reduziert. Ihre Dialoge bestehen oft nur noch aus Grunzlauten oder Einsilbigem. Eine britische Telefongesellschaft hat voriges Jahr einen Ratgeber, wie man ein Gespräch führt, herausgegeben, weil man der Auffassung ist, dass die Leute kaum noch wissen, wie man sich mit anderen unterhält. Wenn ich einen Anruf bekomme, fällt mir auf, dass der oder die Anruferin zwar zu reden beginnt, aber es findet nur ein Monolog statt, den die Betreffenden ebensogut ihrer Katze oder der Nähkommode anvertrauen könnten. Es wird kein Feedback erwartet. Ein Telefonat dient dem Anrufer in sehr vielen Fällen ausschließlich als Mittel, etwas über sich selbst zu sagen. Sobald ich auf das Gesagte zu antworten suche, spüre ich, dass mir am anderen Ende der Leitung niemand mehr zuhört - ich käme manchmal mit einem Telefonhörer ohne Sprechmuschel aus. Jenseits dieser Kritik offenbart sich im Verhalten der Gesprächsteilnehmer ein großer emotionaler Notstand. Das Bedürfnis, sich auszusprechen, wenn sich endlich ein geneigter Zuhörer findet und sei es nur über den Draht der Telekom, ist stärker als der Wunsch, seinem Gesprächspartner gegenüber höflich zu sein.

*

Nach der vorausgegangenen Kritik des reinen Egoismus bin ich als Autor nun gefordert, Ihnen Gründe dafür zu liefern, weshalb es sich lohnen könnte, weniger egoistisch zu sein. Im Sinne Darwins scheint Egoismus das Wesensmerkmal des Siegers, des Angehörigen der überlebenden, fortbestehenden Gattung zu sein, die alles Schwache vernichtet oder zumindest ins Abseits drängt. Aber mit Darwins Thesen beginnt bereits das falsche Denken. Dass allein der Brutale, der Stärkere wächst und gedeiht, ist Stammtischgeschwätz. Korrekt hat Darwin sinngemäß gesagt, es seien die am besten angepassten, mit ihrer Umgebung harmonierenden Organismen, denen Wachstum und Vermehrung zuteil wird. Auf den Menschen bezogen öffnet sich bereits mit Blick auf die Naturgesetze ein alternativer Weg zum Lebensglück, der nicht mit Gewalt und der Forderung nach pausenloser Anstrengung gepflastert ist. Im Volksmund heißt es: *Wer Papst werden will, darf an nichts anderes denken.* Diese Einstellung entspricht exakt dem fehlinterpretierten darwin'schen Denkmuster. Wir wollen uns mit der natürlichen Alternative beschäftigen, die zugleich das Argument liefert, warum es sich lohnt, weniger egoistisch zu sein. Die Gretchenfrage freilich stellt sich anders: Selbst wenn ich die Argumente kontra

Egoismus akzeptiere, wie bekomme ich diesen Wesenszug in mir denn in den Griff? Ich bin im Begriff, einem menschlichen Charakterzug den Krieg zu erklären, der ähnlich zwanghaft wie eine Neurose mein Denken und Handeln beeinflusst. Sogar die Art, wie sich in der Kindheit eine Neurose bildet, folgt dem gleichen Muster wie die Ausformung der Ich-Struktur. Die egoistischen kindlichen Prägungen bewirken ebenso wie die ins Unbewusste verdrängten traumatischen Erlebnisse, dass ein einmal gebildeter Charakter sich den vorhandenen Schablonen gemäß ähnlich zwanghaft und sich wiederholend verhält wie der unter einer Neurose Leidende. Erschwerend für einen Wandel gesellen sich die Matrizen des Stammhirnes hinzu, die den Fortpflanzungs- und den Selbsterhaltungstrieb steuern und die nicht unwesentlich die emotionalen wie auch die intellektuellen Motive des Egoismus beschleunigen.

Das religiöse und auch das humanistische Ideal beschreibt ein Wesen, das sich den Zwang antut, selbstlos sein zu müssen. Sein Egoismus lebt sich im ständigen Bemühen aus, nicht egoistisch sein zu wollen. Aber der Versuch, nicht mehr egoistisch zu sein und mehr Mitgefühl für seinen Nächsten aufzubringen, verliert sich in permanentem Stress, weil kein Mensch sich ständig kontrollieren und verstellen kann. Maßnahmen, den Egoismus zu unterdrücken oder mit Hilfe präventiver, autosuggestiver Methoden zu beherrschen, greifen nicht. Auch mit Inbrunst betriebene Selbstlosigkeit ist vielfach der dornenreiche Fluchtweg eines vom Leben betrogenen Menschen. Der erste Schritt zu einer möglichen Lösung beginnt mit dem Erkennen und Eingestehen der Tatsache, dass jemand ein Egoist *ist* - und dieser Abstrich an der eigenen Eitelkeit ist wahrhaftig kein Kunststück, denn, so hat August von Kotzebue einmal treffend geschrieben: *Egoisten sind wir alle; der eine mehr, der andere weniger. Der eine lässt seinen Egoismus nackend laufen, der andere hängt ihm ein Mäntelchen um.* Der nächste Schritt wäre, dass wir die Triebfedern für unseren Egoismus hinterfragen, wir müssen die Beweggründe durchschauen, warum wir so ichbezogen reagieren. Wer ernsthaft mit sich zu Rate geht, wird bald erkennen, dass der permanente egozentrische Prozess aus schierer Angst betrieben wird, irgendwo zu kurz zu kommen. Selbst Menschen gegenüber, denen wir vertrauen oder die wir mögen, achten wir auf unseren Vorteil und sind unbewusst auf der Hut, nicht ins Hintertreffen zu geraten. Und noch ein Drittes gilt es zu erkennen: Wer nach ehrlicher Innenschau seine egoistischen Motive zu verstehen beginnt, wird der Ichsucht sein Defizit an Mitgefühl anlasten - und tappt in die Kausalfalle, weil er wieder einmal die Ursache mit der Wirkung verwechselt. *Uns fehlt es nicht darum an Mitgefühl und Liebe für unsere Mitmenschen, weil wir so unverbesserliche Egoisten sind - unser Egoismus grünt so prächtig, weil wir die in unserem Gehirn angelegte Fähigkeit zum Lieben ausbremsen statt sie sich entfalten zu lassen.* Wir haben eine emotionale Festung gegen die Außenwelt um uns her errichtet und *hinter ihren Mauern erst entsteht das Milieu, in dem Ichsucht gedeiht.* Womit behutsam angedeutet wird, dass wir mit verbalen Attacken gegen den Egoismus am Ziel vorbeischießen, weil er bereits die Auswirkung eines anderen, viel tiefgreifenderen Fehlers ist.

Die Kluft zwischen einem Menschen und jenen Tendenzen des Wachsens und Wohlseins wird mit jedem Mal ein Stückchen tiefer, wo er seiner Gewohnheit folgend ohne viel Rücksicht auf die tangierten Mitmenschen seine Wünsche durchsetzt. Die Desintegration mit dem Regelwerk der Außenwelt verstärkt sich kontinuierlich und seine mit der Brechstange erreichten Ziele bezahlt er mit der Abwesenheit von Glück. Aber ungeachtet seines notorischen Fehlverhaltens schlummert in jedem Menschen die Gabe zu Liebe und Mitgefühl. Es braucht die Öffnung nach außen, das leidenschaftliche Interesse am ganzen Geschehen außerhalb unseres Körpers - insbesondere außerhalb unserer intimen Interessensphären -, dann stellt sich selbsttätig Mitgefühl ein. Ohne weiteres Zutun, ohne Willensakt fallen die Mauern unseres Elfenbeinturmes. Wer sich der Außenwelt vorbehaltlos und ergo emotional schutzlos öffnet, wird scheinbar verwundbarer. Aber sich einmauern ist kein intelligenter Ersatz für den Umgang mit Schmerzen und Kränkungen. Dem Mutigen winkt als Lohn ein Zuwachs an Gefühlsstärke, den frei werdenden heftigen

Gefühlen gesellen sich Erbarmen und Liebe hinzu. Erst in diesem Geisteszustand sind wir überhaupt imstande, uns selbst zu lieben. Es sei angemerkt, dass extrem selbstsüchtige Menschen sich nicht etwa besonders stark lieben, jeder Psychologe, der etwas taugt, wird Ihnen bestätigen, dass solche Menschen sich hassen. Wenn Sie sich allen Ängsten zum Trotz nach außen öffnen und - metaphorisch ausgedrückt - das Burgtor herunterlassen und die Welt mit allem Schönen und Hässlichen herein - dann wird sich ein faszinierender Umstand herausstellen: Sie können sich nicht öffnen und gleichzeitig der alte Egoist bleiben - es gibt nur das *Entweder* oder das *Oder*. Wer sich in Liebe der Welt zuwendet, wer diesen winzigen Schwenk, nur eine Winkelminute weg von sich und nach draußen vollbringt, wird gar nicht mehr fähig sein, seine ichbezogenen Gewohnheiten fortzusetzen! Und bei alledem dürfen Sie unbesorgt vor den Pseudoforderungen des öffentlich propagierten Mitgefühls sein, dieses Glückserleben braucht nicht dadurch erkauft zu werden, dass Sie ihr letztes Hemd den Armen geben, Ihre Wohnung mit ein paar Pennern teilen oder die Hälfte Ihres Geldes verteilen müssten. Es bedeutet freilich sehr wohl, sich für die Not anderer Menschen mitverantwortlich zu fühlen - wir nehmen sie wahr, lassen aber nicht zu, dass sie uns zerstört. Wir werden erleben, dass in der Reaktion unserer Mitmenschen auf uns eine deutliche Veränderung eintritt, wenn wir unsere Zurückhaltung ihnen gegenüber durch Güte, Engagement und lebendiges Interesse ersetzen. Gewiss wird es Ausnahmen geben. Die Uneinsichtigen, Verhärteten, Selbstgefälligen, jene Zeitgenossen, die sich wie ein Kinderbrummkreisel ewig um die Mittelachse ihres Ich drehen, werden keine Notiz davon nehmen. Dennoch bleiben Millionen und Abermillionen Menschen übrig, die ebenso unter der Lieblosigkeit unserer Zeit leiden. Viele würden es gerne ändern, aber ihnen fehlt der Mut dazu, selbst den Anfang zu machen. Sie warten, bis die anderen es tun. Die Veränderung unseres Verhaltens nach außen gleicht einem Samenkorn: Unauffällig, scheinbar ohne Kraft besitzt es die Energie zur vielfachen Vermehrung. Man muss es ausprobieren, diese beglückende Erfahrung machen, wie andere Menschen zuerst verdutzt, dann aber unerhört froh sind, einem *Menschen* und keinem Apparat oder dressierten, intelligenten Affen begegnet zu sein. Die Menschen werden uns offener begegnen, weil sie unsere Herzlichkeit spüren und die Wärme, die von unserem Wesen ausgeht.

Wir sollten begreifen, dass es uns bei sparsamerem Einsatz unserer eigennützigen Charakterzüge mit an Sicherheit grenzender Wahrscheinlichkeit kein bisschen schlechter ginge. Ganz im Gegenteil: Sollte es je den biblischen Auftrag Gottes, seinen Nächsten zu lieben, in der überlieferten Form gegeben haben, dann sind wir, Sie und ich aufgefordert, ihn mit Hilfe der in uns vom Schöpfungsprozess oder meinetwegen der Evolution angelegten Fähigkeiten zu realisieren. Indem wir aufmerksam, voll und ganz nach außen geöffnet durch den Alltag gehen. Und wer sich dieser Gefühlsmacht verschreibt, wird sehr bald herausfinden, dass er damit nicht ins Hintertreffen gegenüber rigiden Darwinisten und Ellbogenmenschen gerät, sondern dass der Lohn für das Mitgehen mit dem Lauf der Dinge ein gelungenes Leben ist.

6. Kapitel

Denken

Ein dritter Punkt ist die Forderung, kritisch denken zu lernen. Das kritische Denken ist die einzige Waffe und Abwehr, die der Mensch gegen die Gefahren im Leben zur Verfügung hat. Wer nicht kritisch denken kann, ist in Wirklichkeit allen Einflüssen, Suggestionen, allen Irrtümern und Lügen ausgesetzt, die verbreitet werden und mit denen er vom ersten Tag an indoktriniert wird. Man vermag nicht frei sein, sich selbst bestimmen und sein Zentrum in sich selbst finden, wenn man nicht kritisch denken und in einem gewissen Sinne auch zynisch sein kann.

Erich Fromm[14]

Während der Vorarbeiten zu diesem Buch fiel mir ein Zitatenbuch in die Hände, eine Sammlung von Sprichwörtern und Lebensweisheiten. Ich habe daraus zur Wiederverwendung eine Menge Texte abgeschrieben, weil sie so unverblümt die menschlichen Schwächen bloßlegen - und leider auch den Beweis dafür liefern, dass sich in den Jahrhunderten zwischen dem Entstehen bestimmter Volksweisheiten und dem heutigen Tag so verzweifelt wenig am menschlichen Charakter geändert hat. Ein Satz von Franz Grillparzer passt exakt zum Thema dieses Kapitels: *Der Verstand und die Fähigkeit, ihn zu gebrauchen, sind zwei verschiedene Gaben.* Wir leiden an einer notorischen Handlungsschwäche und riskieren bei unseren Entscheidungen Fehler, von denen manche so gravierend sind, dass sie sich über Jahre hinaus negativ auf unser Wohlergehen auswirken, vereinzelt sogar ein Leben lang. Die meisten unserer Entscheidungen basieren auf Spekulation und Gottvertrauen und viele Menschen rechnen insgeheim damit, dass im Falle eines Falles eine gütige Macht ihre Missgriffe ausbügelt. Aber

Gottes Eingreifen hat längst während der Evolution unseres Gehirns stattgefunden: Zu diesem Zweck hat er jedem von uns den Verstand gegeben, die Fähigkeit zum kritischen Denken und nicht zuletzt jene Tendenzen zum Wachstum. Wir sollten herausfinden, warum der Mensch trotz dieser Anlagen nur äußerst selten zu intelligenten Entscheidungen fähig ist. Und wir sollten klären, was wir überhaupt unter dem Begriff *Verstand* verstehen. Steht Verstand für das angesammelte Wissen? Oder für das Vermögen, sich an Informationen zu erinnern und sie in eine logische Beziehung zueinander zu bringen? Handelt es sich um die Fähigkeit, Erfahrung und Wissen mit aktuellen, realen Vorgängen abzugleichen und daraus Schlussfolgerungen zu ziehen?

Ich denke, der menschliche Verstand, wie er allgemein interpretiert wird, ist die Summe aller dieser Elemente: das Gedächtnis mit seinem Potenzial an Erfahrung und Information in Kombination mit der Fähigkeit zu Analyse und Meinungsbildung. Bei Intelligenztests wird hauptsächlich das Kombinationsvermögen des Probanden untersucht, es müssen der Rhythmus von Zahlenreihen erkannt und fortgesetzt, graphische Symbole logisch angeordnet und ergänzt oder sprachliche Analogien gefunden werden.

Spontaneität und Kreativität dagegen können mit den üblichen Methoden nicht getestet werden, weil sie nicht auf den oben genannten Kriterien intellektueller Logik basieren. Vollständig aus dem Spiel der Intelligenzprüfungen ausgenommen bleiben die Emotionen.

Wir wären vielleicht gerade noch in der Lage, bei solchen Tests die den intellektuellen Prozess begleitenden Gefühle zu orten, die unbewusst in Entscheidungen hineinspielenden - und das sind die häufigsten – dagegen auf keinen Fall. Aber gerade die halb- und unbewussten Wirkfaktoren sind es, die aus einem gebildeten, intelligenten, im Allgemeinen logisch denkenden Menschen einen Narren machen können.

Unsere Meinung über eine Sache wird nur teilweise von unserem Wissen beeinflusst. Wesentliche Elemente unserer Urteilsbildung sind irrational. Zum Beispiel verlassen wir uns gerne auf Informationen, die wir irgendwo aufgeschnappt haben, ohne sie je auf ihren Wahrheitsgehalt[15] überprüft zu haben. Eine Eigenart dieser verlogenen, halbwahren oder zumindest nebulösen Pseudofakten ist der Umstand, dass wir diese Daten in dem Moment nicht brauchen, da sie uns zufließen, was zugleich die Unterlassungssünde der sofortigen kritischen Prüfung entschuldigt. Wir unterschätzen die Mechanismen, die seit Menschengedenken in die Bildung von Meinungen hineinwirken und sehr maßgeblich die Qualität unserer Verstandesaktivität bestimmen. Überzeugungen haben die fatale Eigenheit, dass ihr Eigentümer sie mit Tatsachen verwechselt und nach ihnen lebt und handelt. Die Tragik des Versagens von Verstand samt Instinkt verbirgt sich unerkannt in dem Umstand, dass unsere Gewissheiten in der Regel leider das Ergebnis von falschen oder halbwahren Informationen sind, die wir zu allem Überfluss auch noch gemäß unserer subjektiven, sehr begrenzten Erfahrungen interpretieren. Das Resultat ist ein Zerrbild der Realität, das sich aus wenigen Fakten, ansonsten aber aus voreingenommen interpretierten Tatsachen, aufgeschnappten Behauptungen anderer Zeitgenossen und einer Anzahl halbwahrer bis total falscher Informationen zusammensetzt. Weiter spielen in die Urteilsbildung unsere Wünsche hinein, die bewussten wie die unbewussten, und auch unsere Ängste wirken mit und verzerren unser Bild von der Wirklichkeit. Unsere Überzeugungen sind das Spiegelbild unserer Motive. Wir filtern heraus, was uns nicht ins Konzept passt und fügen hinzu, was unserer Meinung nach wünschenswert ist oder was unsere Ängste uns diktieren. Das so gewonnene ideelle Modell der Realität hat nur geringe Ähnlichkeit mit dem tatsächlichen Zustand der Welt um uns her.

In seiner gegenwärtigen Verfassung ist unser Denkapparat nur bedingt und stark eingeschränkt zu richtig getroffenen Entscheidungen fähig. Viel öfter als wir ahnen waltet der Zufallsgenerator, wenn uns eines unserer Vorhaben gelingt. Wir schreiben Erfolge dem Konto klug getroffener Entscheidungen zu, die in Wahrheit nicht wegen unseres intelligenten Konzeptes, sondern *trotz* unseres Defizites an kritischem Denkvermögen eingetreten sind. Ich will auf keinen Fall den menschlichen Verstand abwerten, ihm wohnt ein gewaltiges Potenzial inne - ich will im Gegenteil zeigen, wie man seinen Verstand, sein Denken kritischer, logischer, vernünftiger und unbeeinflusst von emotionalen

Störquellen einsetzen kann. Auch halte ich beim vorhandenen Gemütszustand der meisten Mitglieder unseres Kulturkreises den in jüngerer Zeit öfter empfohlenen Mix von Verstand und Gefühl nicht für sinnvoll. Die Idee, mehr aus dem Bauch heraus zu entscheiden, hat ihre Meriten, aber wie will ein Mensch, bei dem angesichts einer Krise nicht nur die Gedanken, sondern alle seine Gefühle zu rotieren beginnen, in dieser geistigen Verwirrung zu einer vernünftigen Tat finden? Wie reagieren wir denn auf eine aus dem Nichts auftretende Krise? Unsere Gedanken geraten in Hektik, wir suchen im Gedächtnis nach Präzedenzfällen, durchforsten unsere Erinnerung nach vergleichbarer, ähnlicher Erfahrung. Ein anderer Teil unseres Hirns sucht gleichzeitig nach Fluchtwegen, die von der Krise ausgelöste Furcht will beschwichtigt werden, wir drehen und wenden das Problem und unbewusst reden wir uns ein, die Gefahr würde vorbeiziehen, wenn uns die passenden Worte, sie zu beschreiben einfallen würden. Wir betreiben eine Art Gesundbeterei statt aktiv zu werden. Wenn aus heiterem Himmel die Freundin erklärt, sie habe sich in einen anderen verliebt und sie wolle die Beziehung beenden oder wenn die Bank die Hypothekenzinsen heraufsetzt und man weiß nicht, wie das Geld aufbringen, dann wird nach Schuldigen gesucht und man flieht ins Selbstmitleid. Wir flüchten in heftige, irrationale Emotionen statt unsere Energien zu mobilisieren, richtiger: zuzulassen, dass jene Tendenzen in unserem Gehirn diese explosive Energie freisetzen, die Krisensituationen vorbehalten ist. *Wir rationalisieren jeden spontanen, intelligenten Impuls zur Tat weg, ehe er in unser Wachbewusstsein dringen kann.* Wir merken nicht einmal, dass sich in der Krise etwas Außerordentliches, Positives in uns rührt, weil wir viel zu intensiv mit unseren Fluchtreaktionen beschäftigt sind.

Sigmund Freud[16] hat es früh erkannt, aber bedauerlicherweise hat der Mensch aus den Erfahrungen des inzwischen verstrichenen Jahrhunderts wenig dazugelernt:

> *Denken Sie an den betrübenden Kontrast zwischen der strahlenden Intelligenz eines gesunden Kindes und der Denkschwäche des durchschnittlichen Erwachsenen.*

Damit soll nicht gesagt sein, die Menschheit wäre kollektiv debil. Wohl signalisieren Kriege, Wirtschaftsdebakel, Hungersnöte, Verschwendungssucht und Umweltzerstörung das Vorhandensein einer gewissen Denkschwäche, aber die Ursache des Übels wurzelt in der Geisteshaltung einer Gesellschaft. Der Mensch ist nicht wegen seiner Erbanlagen oder dem Agressionspotenzial seines Stammhirnes zum gefährlichsten, zerstörerischsten Lebewesen unseres Planeten geworden - *das Unheil, das er anrichtet, verdanken wir seinen Überzeugungen!* Wohin wir blicken, was immer uns an Nachrichten weltweit erreicht, überall offenbart sich im Hintergrund der von Menschen ausgelösten Ereignisse die Abwesenheit von kritischem, intelligentem Denken.

Nicht dass wir unfähig dazu wären, uns fehlt die Entschlossenheit und die Einsicht, wie dringend notwendig eine Umstellung unserer Denkgewohnheiten für unser eigenes individuelles Glück ebenso wie für das Wohlergehen der Menschheit wäre. Wie unterscheidet sich nun kritisches Denken vom orthodoxen? Kritisches Denken ist objektiv, es befasst sich mit *Tatsachen*, das alte Denken ist subjektiv und basiert zu hundert Prozent auf Ideen *über* Tatsachen, außerdem wird es von Gefühlen verfälscht, die sich permanent einmischen. Kritisches Denken sieht und behandelt Dinge und Situationen wie sie *wirklich* sind, während das gewohnte Denken Sinneseindrücke mit dem Gedächtnis vergleicht, dessen Inhalte Vergangenheit und niemals identisch mit einem jetzt stattfindenden Vorgang sind. Orthodoxes Denken ist permanent damit beschäftigt, die vitale, dynamische Gegenwart den in den Hirnzellen eingelagerten Erfahrungsmustern aus der Vergangenheit anzupassen. So wenig man zwei Mal im gleichen Fluss baden kann, wie schon Heraklit bemerkte, so wenig wiederholt sich irgendetwas auf dieser Welt. Was sich vor unseren Augen zu wiederholen scheint, ist jedes Mal neu, aber der in seinem Denken befangene Mensch ist unfähig, es zu erkennen. Das Wahrgenommene wird in Gedanken in Sprache umgesetzt und auf positive oder negative Inhalte untersucht, ähnlich einem U-Boot, dessen Echolot den Meeresgrund nach Untiefen abtastet. Wir geben Situationen, Problemen, Herausforderungen oder einfach Dingen nie die Chance, sich uns mitzuteilen, sich unserem Sinn in ihrer tatsächlichen Beschaffenheit zu offenbaren. Sobald irgendein Phänomen unsere Aufmerksamkeit findet, stülpen wir ihm unsere Deutungen über. Kurzum, wir lassen das Leben selbst selten zu Wort kommen, lieber schreiben wir ihm vor, was seine Szenarien zu bedeuten haben.

Wer sich für das kritische Denken entscheidet, muss sich von der rosaroten Brille trennen. Die Gewohnheit, uns ängstigende oder nicht zusagende Situationen zu schönen, sollte als Fluchtreflex vor der Realität verstanden und aufgegeben werden. Einer von vielen positiven Nutzeffekten wäre der Zuwachs an Klarheit und Durchblick, wenn jemand in Zukunft den Mut aufbringt, den Wahrheitsgehalt jeder ihm zufließenden Information zu untersuchen, ehe er sie gegebenenfalls als Entscheidungshilfe verwendet. Ein Mensch, der kritisch denken gelernt hat, bleibt von Falschinformationen und den daraus entstehenden Pannen besser verschont als die anderen - dies betrifft nicht zuletzt auch die Werbung. Insbesondere dieser Wirtschaftszweig spekuliert mehr als die Nachrichtenmedien auf die Denkschwäche und geistige Trägheit des Publikums.

Niemals würden Werbetreibende dem Leser oder Fernsehzuschauer einen so hochgradigen Schwachsinn servieren, solche geistlosen Plattheiten, wenn sie befürchten müssten, dass kritisch über ihre Botschaften nachgedacht wird. Speziell die Fernsehwerbung ist ein signifikantes Dokument für den Geisteszustand der Zuschauer. Auf dem Bildschirm tauchen blitzschnell Bilder auf und verschwinden wieder. Sie suggerieren Luxus, das schöne Leben, gesunde, strahlende, junge, erfolgreiche Menschen, sogar Katzen und Hunde wirken (dank Schlappi) selbstzufriedener als unsere eigenen. Die Sprache ist infantil, die Produktaussagen oft hart am Rande der Legalität. Nehmen wir als Beispiel den gern verwendeten Satz „Mit viel frischer, gesunder Milch". Er klingt verführerisch. Aber ist pasteurisierte Milch, zur monatelangen Haltbarkeit homogenisiert, denn frisch? Und wie gesund ist Milch für Erwachsene? Hier teilen sich die Expertenmeinungen, die Frage der Bekömmlichkeit von Milch und Milchprodukten wird zum Glaubenssatz. Die Werbeindustrie würde sich hüten, Botschaften dieser

Art so sorglos hinauszuposaunen, wenn man befürchten müsste, das Publikum würde nachdenken. Sie darf den Leuten ungestraft jeden Unsinn andrehen, wenn er nur schrill genug aufgemacht ist.

Ein anderes Beispiel, wie die Medien uns mit Nichttatsachen füttern: Neulich geriet mir eine beliebte Frauenzeitschrift in die Finger und ich blätterte darin herum. Ich stieß auf einen Artikel, in dem die turbulenten Erlebnisse eines Mannes geschildert wurden. Über Kreuz laufende und zerbrechende Beziehungen zu Frauen waren aufgezählt, wie er seinen Job kündigte, von seinem Frust wurde berichtet, wie er den Bettel hinschmiss und wieder zum Halbstarken wurde. Er tobt wie wild durch ein neues Existenzgefühl, reißt Mädchen auf, gibt an wie ein Stall voll Enten und generiert irgendwie eine neue, nebulöse Art von Selbst. Er landet in einer Scheinwelt, Ersatz für die Realität, aus der er durch seine Charakter-Explosion ausgebrochen ist. Ganz zum Schluss verrät der Bericht, dass es den Typ nicht wirklich gibt, sondern es sich um einen Film handelt, der in Amerika derzeit mit Jutta X und Beate Y produziert wird. Die Tonart des Artikels zielt von Anfang an darauf ab, bei den Leserinnen des Magazins den Eindruck zu erwecken, es handle sich um Tatsachen. Es scheint mir, als ob die Redaktionen ihre Beiträge inmitten eines Milieus niederschrieben, in dem sich Fakt und Fiktion so stark überlagern, dass sie selbst ihre Stories für real halten. Ich fürchte, viele Menschen nehmen solche Texte für bare Münze und leiten Rezepte für die Lösung eigener Probleme daraus ab. Sie mögen in ihrer Verzweiflung ernsthaft überlegen, ob sie nicht in die emotionale Haut einer Phantasiegestalt schlüpfen sollen. Manche leidgeprüfte Frau dürfte im Verhalten des Titelhelden sogar ähnliche Muster wie bei ihrem Liebsten wiedererkennen - wodurch das Vertrauen der betroffenen Menschen in den Realitätsgehalt der Berichte natürlich bestärkt wird. Ein vor einiger Zeit im „Spiegel" erschienener Aufsatz über die Umkehr der Single-Kultur spricht ebenfalls zur Sache. Der Verfasser des Aufsatzes schrieb vom sich verändernden Verhalten einer ganzen Generation. Er beschrieb Menschen und ihre Wahl des Zusammenlebens oder Nichtzusammenlebens mit Partnern. Aber als Beleg für die sich anbahnende

Trendwende verwendete er entweder aktuelle Kinofilme oder er kolportierte die Beziehungskisten einiger Medienstars. Offenbar repräsentieren Stars und Filme das Volk. Diese Art der Berichterstattung selbst bei seriösen Zeitschriften ist ein Zeichen der Zeit. Das Publikum orientiert sich entweder am Benehmen von ein paar Künstlern oder eben an erfundenen und anschließend verfilmten Geschichten. Gut, irgendwie sind Filme, die ankommen, durchaus Signale der Stimmung unter dem Volk und das Benehmen von Sängern und Schauspielern hat bei der Masse aus Mangel an anderen Idealen Leitbildcharakter. Was diese Leute tun, wie sie sich amüsieren, sich paaren und wieder trennen, ihr Geld, ihr Luxus, ihre Konflikte spiegeln die Sehnsucht der Menschen nach einem glücklichen, erfolgreichen Leben. Fatal an der Geschichte ist freilich, dass dadurch Menschen, die sowieso schon ihre Probleme mit der Wirklichkeit haben, noch weiter von ihr fortgelockt werden.

Kritisch denken ist ein Schritt in die Freiheit. Wer beschließt, in Zukunft kritischer, rationaler und logischer zu denken, muss sich von seinen Vorurteilen und Überzeugungen verabschieden. Seine gewachsenen Meinungen zu identifizieren und sich von ihnen frei zu machen, ist bereits der erste Schritt in die geistige Autonomie, denn kritisch denken heißt *unabhängig* denken, und unabhängig denken bedeutet, die Dinge so zu sehen, wie sie tatsächlich beschaffen sind. Kritisches Denken hängt unmittelbar mit Gewahrsein zusammen. Je mehr ein Mensch sich der Realität nähert, desto klarer und trennschärfer werden sein Blick und sein Verständnis für Sachverhalte und Ereignisse. Es ist befreites Denken, weil es keinen vorgefertigten Schablonen oder Mustern mehr folgt und sich keinen Regeln von Denkschulen oder Ideologien mehr unterwirft. Kritisches Denken sieht auch unsere Ängste in einem anderen Licht. Es operiert in der Gegenwart und es arbeitet mit dem Ist-Zustand der Dinge, wie er *jetzt* ist. Wer kritisches Denken praktiziert, wird bald spüren, wie sich eine neue, unverkrampfte, realistische Bewertung seiner Sorgen einstellt. Kritisches Denken geht über den subjektiven, engen Rahmen der eigenen Informationen hinaus und hält nichts für feststehend, unwiderruflich oder unüberwindlich, nur weil jemand aus eigener Kenntnis nicht weiß, wie ein Zustand zu beurteilen ist. Neutralität und Objektivität treten beim Betrachten eines Problems an die Stelle von Panik, Angst und Vorurteil.

Einem anderen Leiden des modernen Menschen könnte kritisches Denken ebenfalls abhelfen: der Manie, die akute Lebenssituation regelmäßig nach künftigen Bedrohungen abzufragen. Wir denken darüber nach, was in naher oder fernerer Zukunft an Missgeschick passieren könnte und wir schielen in die Vergangenheit, ob sich von dorther Gefahren für Sicherheit und Wohlergehen in die Gegenwart einschleichen könnten. Diese gedanklichen Positionsbestimmungen synchron zum Tagesgeschehen sind eine der Ursachen für unser glücksarmes Dasein. Halbbewusst und wie ferngelenkt grübeln wir über verschwommene Details unserer Lage nach, stimmen zu, lehnen ab, beschließen, verwerfen, betrachten, versuchen verzweifelt zu klären, wo es nichts zu klären gibt. Wie in einer Wäscheschleuder rotieren in unseren Köpfen Gedanken und Empfindungen. Weshalb tun wir uns diese Folter an? Geschieht es bewusst und freiwillig, weil wir uns einen Nutzen davon versprechen oder passiert es uns, ohne dass wir Einfluss darauf hätten, geschweige denn, es abstellen könnten? Den Grund zum Grübeln liefert uns die Einsicht, dass unser Leben verworren ist und an seiner Wurzel voller Ungewissheiten. Darum halten wir uns gefühlsmäßig lieber an die Vergangenheit, denn was vergangen ist, kann sich nicht mehr ändern. Und weil wir uns so sehr Kontinuität wünschen, projizieren unsere Gedanken das vergangene Szenarium voraus in die Zukunft. Gleichzeitig ahnen wir aber, dass es keinen Schutz vor Veränderungen gibt, ergo versuchen wir mit Gedankenexperimenten auszuknobeln, was das Schicksal künftig an Schikanen und Störungen unseres Seelenfriedens für uns bereithalten könnte. Wie kann nun kritisches Denken dieses weit verbreitete Übel mildern oder es erträglicher machen? Es müsste eine weitere unserer Grundannahmen korrigiert werden, nämlich die Zuversicht, dass Sicherheit zu den evolutionären Grundrechten des Menschen zählt. Wir müssen zugeben, was wir längst argwöhnen - dass sehr wohl Veränderung, Wachstum, Gedeihen und

Wohlergehen im Konzept des Universums vorgesehen sind, nicht aber Sicherheit! Das Universum steht meinem Verlangen nach Sicherheitsgarantien mit wahrhaft kosmischer Gleichgültigkeit gegenüber. Liebe Leserin, lieber Leser, selbst wenn ich in diesem Augenblick den berühmten Teppich unter Ihren Füßen wegziehe - verweigern Sie sich bitte nicht dieser Einsicht, nur weil sie so extrem unbequem ist. Machen Sie den Versuch, ohne dieses emotionale Sicherheitsgerüst weiterzuleben und machen Sie sich klar, dass es real noch nie existiert hat, nie wirklicher war als des Königs neue Kleider im Märchen.

Ich erinnere mich an eine Szene, als ich radfahren lernte. Mein Vater fuhr neben mir her, etwas hinter mir, sodass seine Hand meinen Gepäckträger festhaltend meinem wackeligen Fahrstil die nötige Stabilität gab. Ich war schon eine lange Strecke so gefahren, bis ich bemerkte, dass mein Vater längst losgelassen hatte und ich ohne alle Hilfe radelte. Analog verhält es sich mit der Illusion des Menschen vom schöpferischen Sicherheitsplan. Es gilt zu verstehen, dass wir allein stehen, aber allein als ein Wesen, dem vor langer Zeit alles Rüstzeug für ein harmonisches, in vernünftigem Rahmen sorgenfreies Leben mitgegeben worden ist. Wer diese Tatsachen akzeptiert, lernt damit zugleich die Unsinnigkeit und Nutzlosigkeit der oben beschriebenen Denkakrobatik durchschauen - und ohne besonderes Zutun wird das Hirn von sich aus seine prophylaktischen Sorgen auf ein durch wirklich vorhandene Gefahren gerechtfertigtes Maß reduzieren. *Die Umstellung auf weniger zwanghaftes, konstruktiveres Denken würde noch leichter gelingen, wenn sich jemand dazu durchringen könnte, sich nicht mehr so wichtig zu nehmen.*

Diese Aussagen klingen, als würde ich das Denken, wie wir es tagtäglich praktizieren, verdammen oder seine unbestrittenen Verdienste schmälern wollen. Das war und ist nicht meine Absicht. Ohne unser Denkvermögen würden wir wohl noch in Höhlen hausen, mit dem Speer auf die Jagd gehen und uns mit der Keule bekriegen statt mit Atomraketen. Ohne Denken gäbe es die herrlichen Bauwerke nicht, die Brücken, die großen Kunstwerke, die Bibliotheken, die Kathedralen und auch die Götter nicht, die darin wohnen. Denken ist nicht unbrauchbar und macht uns nicht lebensuntüchtig. - Der menschliche Verstand wäre auch imstande, die Realität zu erkennen und sie von Ideen zu unterscheiden. Denken wird dann zur Gefahr für ein Individuum, wenn es unkritisch und befangen operiert und Beschlüsse fasst, die auf wenigen Fakten und viel Spekulation basieren. Selbst wenn jemand vor einer Entscheidung alle ihm zugänglichen Bezugsgrößen gründlich analysiert, bleibt in jedem Fall ein Anteil unbekannter Fakten zurück. Man ist auf das Kombinationsvermögen des Gehirns angewiesen und rechnet sich für die schwarzen Felder Wahrscheinlichkeiten aus. Und selbst dann ist dieser beschlussfassende Jemand darauf angewiesen, dass das Regelwerk der Außenwelt mit seinen Plänen harmoniert. Auf der Strecke zwischen einer Idee und deren endlicher Realisierung lauern vor jedem Schritt die Gefahren einer Fehlentscheidung. Es ist wie bei einem Schachspiel: Nach jedem falschen Zug wird die Chance zu gewinnen kleiner und mehr als zwei oder drei Fehler führen unweigerlich zum Verlust der Partie. Ich weiß von einer ganzen Reihe von Personen, wie sie zu ihren Entscheidungen kommen und darunter wäre mehr als eine besser beraten, wenn sie ihre Beschlüsse durch das Werfen einer Münze[17] fassen würde als auf die Art, wie sie es tut.

Zum Thema Verstand und Denken gehört unbedingt auch die Klärung der Frage, wie es sich denn mit Ideen verhält, wie sie zum Beispiel in dem Buch „Die Kraft des positiven Denkens“ von Norman Vincent Peale und den Arbeiten anderer Autoren empfohlen werden. Wer sich einbildet, er brauche angesichts einer misslichen Situation bloß mit positiven Gedanken an sie heranzugehen, damit sie sich in Luft auflöst, erliegt einem tragischen Irrtum. Die Lehre vom Positiven Denken als Lebenshilfe, die suggeriert, man könne eine Lebenskrise allein dadurch lösen, dass man sich keine negativen, sorgenvollen Gedanken mehr darüber macht, ist absolut falsch und obendrein gefährlich. Ich mag mir den Ratschlägen dieser Bücher folgend über eine kritische Situation noch so viele positive, zuversichtliche Gedanken machen - das wirkt nicht besser, als wenn ich mich im Autositz gegen die Gurte stemme und erwarte, der Wagen würde sich in

Bewegung setzen. Wer Ihnen vorschlägt, sich in einer Lebenskrise einen Zustand vorzustellen, der die von Ihnen gewünschte heile Welt simuliert, verleitet Sie lediglich zur Realitätsflucht. Ändern wird sich durch die imaginierten, phantastischen Bilder einer validen Situation überhaupt nichts. Rational und ohne die windigen Illusionen von Patentrezepten eingesetzt, hat positives Denken allerdings durchaus seinen Sinn. Wer nüchtern auf eine Gefahr blickt und ihren wirklichen Zustand zu erkennen versucht, muss sich allerdings meistens gleichzeitig mit den eine Situation begleitenden Gefühlen wie Nervosität, Unruhe oder Angst auseinander setzen. In solchen Fällen wäre an Stelle von Panik und Destruktion eine konstruktive, selbstbewusste Geisteshaltung am Platz. Nicht, um mit der eingebildeten Kraft von Gedanken das Gespenst der Krise zu bannen - es wäre kindisch, an so etwas zu glauben, aber es macht Sinn, sich nicht jedes Mal ins Bockshorn jagen zu lassen, wenn ein Problem auftaucht, dem ich mich ohne spontane Idee, wie es zu lösen ist, ausgeliefert fühle. Positive Gedanken und Gefühle wachsen aus einem gesunden Selbstvertrauen, sie entspringen einem aktiven, produktiven Gehirn, dessen alltägliche Arbeitsweise grundsätzlich das Auftreten unerwarteter Ereignisse einschließt. Ein Mensch, der hautnah am Puls der Realität lebt und kraftvoll fühlt, dass er auch den unangenehmsten Herausforderungen gewachsen ist, hält den Schlüssel zu einem weniger sorgenbeladenen Alltag in Händen.

Wer zu einem Denken findet, das den Regeln der Logik folgt, wird feststellen, dass er auf seine Gedanken nach wie vor wenig Einfluss hat, aber er beginnt allmählich zu verstehen, weshalb es so ist. Er hat seine Gedanken beobachtet, sie bis zu ihrem Ursprung verfolgt und eines Tages begriffen, dass dieser Geist von dem Denken, das er beobachtet, nicht verschieden ist und ohne Denken gar nicht existieren würde. Wir sollten zur Klärung der Lage die Bewegungen unseres Denkapparates einmal probehalber aus einem anderen Blickwinkel betrachten. Denken Sie bitte einmal darüber nach, wo Ihre Gedanken ihren Anfang nehmen und wodurch ein Gedanke überhaupt ausgelöst, also zum Stattfinden veranlasst wird. Bei einiger Aufmerksamkeit werden Sie feststellen, dass entweder äußere Begebenheiten Gedanken hervorrufen oder Erinnerungen. Es kann ein Brief sein, der Ihnen nach längerer Zeit wieder unter die Augen kommt, ein Duft, der von der Straße oder vom Garten hereinweht, eine Stimme, eine Melodie oder Hungergefühl. Was immer Gedanken in Ihnen auslöst, gleich, ob aus der Erinnerung oder von einem unmittelbaren Sinneserlebnis - der Auslöser Ihrer Denkvorgänge kommt in allen Fällen von draußen. Selbst wenn Sie sich an eine alte Melodie erinnern, die Sie vor zwanzig Jahren zum letzten Mal gehört haben, ist seinerzeit die Quelle Ihrer Erinnerung von außen über Radio, Plattenspieler oder Orchester an Ihr Ohr und in Ihr Gedächtnis eingedrungen. Gedanken werden durch äußere Vorgänge ausgelöst und wo eine Erinnerung mitwirkt, gehörte das erinnerte Ereignis zeitversetzt ebenfalls zur Außenwelt. Gehen wir einen Schritt weiter. Wie dargelegt, fließen alle Wirkkräfte, die das Denken des Menschen in Betrieb setzen, von außen über die Sinne herein. Aus dieser Tatsache lässt sich mit aller Logik schlussfolgern, dass die Außenwelt maßgeblich, wenn nicht sogar ausschließlich das Denken gestaltet und seine Inhalte bestimmt. Am Beispiel des Briefes weiter oben hat sich sein Verfasser Gedanken gemacht, was er mitteilen wollte. In dem Brief wird von Erlebnissen berichtet oder von Gedanken darüber oder jemand nimmt Stellung zu bestimmten, den Empfänger oder Absender betreffenden Vorgängen. Bereits die Gedanken des Briefschreibers sind infolgedessen schon von Dingen, die außerhalb von ihm lagen, ausgelöst worden. Selbst die Sprache, in der dieser Brief geschrieben wird, basiert auf Lernvorgängen, die einst dem ABC-Schützen eingetrichtert worden sind. Überall wird der außenliegende Auslöser von Gedanken sichtbar. Stellen wir uns vor, dieser Einfluss auf das Denken durch außerhalb des Menschen liegende Vorgänge passiert weltweit. Anblicke, Erinnerungen, Herausforderungen, Begegnungen, Dialoge, Konflikte, Probleme, alle Arten von Entscheidungen und Taten, erfreuliche wie weniger angenehme Szenarien dringen ins Bewusstsein der damit konfrontierten Menschen, verwandeln sich in Gedanken oder Erinnerungen und lösen Handlungen oder je nach Sachlage auch Unterlassungen aus, die bei anderen Leuten wiederum zu ähnlichen geistigen Reaktionen führen.

Es bildet sich ein unübersehbares, unkontrollierbares Netzwerk von Vorgängen, die Gedanken in Bewegung setzen, die wiederum in Handlungen münden, die dann die Lebenswege anderer Menschen kreuzen, die sie ihrerseits wieder gedanklich verarbeiten, und so weiter, ad infinitum. Und eine ganze Menge dieser sich gegenseitig beeinflussenden, anregenden, befruchtenden, zu Gedanken zwingenden Prozesse spült das Leben auch in Ihre und meine Richtung und sorgt dafür, dass dem Denkapparat neue Munition zugeführt wird. Es ist schon seltsam, wie unser Denken unseren inneren Menschen, den wir Ich, Selbst, Psyche oder Ego nennen, zusammenhält samt seinen Beziehungen nach draußen. Die Beziehung zu unserer Person wird durch unsere eigenen Gedanken aufrecht erhalten - Gedanken, die aber logisch beweisbar ihre Wurzeln draußen in der Welt haben. Man kann über die Einheit der Dinge seitenweise Vorträge halten, aber nach meinem Gefühl gibt es wenig eindringlichere Indizien dafür als das weltumspannende Netz menschlicher Gedanken. Die Einheit eines wortwörtlich globalen Denkprozesses ist vielleicht auch der Beweis dafür, dass Denken seine Quellen in der Tiefe des göttlichen Urgrundes hat, denn es ist das Denken der Menschheit und erst lange danach unser eigenes.

Wenn gläubige Menschen davon überzeugt sind, ihr Glaube komme aus dem Herzen und nicht aus dem Kopf, muss ich widersprechen: Glauben (als Tätigkeitswort klein geschrieben) ist ein Denkvorgang wie der Umgang mit anderen Wissensgebieten auch. Wir brauchen Glauben im Sinne eines bestimmten Vertrauens ein Leben lang. Es macht aber einen gewaltigen Unterschied, ob dieser Glaube rational oder irrational ist. Irrational ist ein Glaube, wenn er Phänomene für wahr hält, die weder einer kritischen Nachprüfung standhalten noch vernunftmäßig verständlich sind. Zum Beispiel die Mythen der abendländischen Religionen verlangen den Glauben eines Kindes, bei kritischer Betrachtung verlieren sie allen Sinn, weil ihre Logik nicht mit wissenschaftlichen Daten abgleichbar ist. Die Schöpfungsgeschichte, der Sündenfall, Moses und das Rote Meer, Jesus und die Speisung der Zehntausend, die Macht der Priester Sünden zu vergeben, die östliche Reinkarnation des Individuums, Satori-Erfahrungen der Zen-Buddhisten - dies und noch tausend Botschaften mehr gehören zur Kategorie des irrational Geglaubten. Über die Unlogik von Heilsbotschaften helfen Drohungen hinweg, dass Menschen, die nicht glauben, in der Hölle landen oder das östliche Menetekel vom Karma, das besonders böse Taten mehrere Leben lang rächt. Ganz anders verhält es sich mit dem rationalen Glauben. Er gründet auf Logik und einem kritischen Vertrauen - und nicht zuletzt auf einer vielleicht schwierigen, aber möglichen Nachprüfbarkeit. Denken wir an den berühmten Doppelspaltversuch der subatomaren Physik. Ich bin nicht daneben gestanden, aber ich glaube rational den Berichten und Auswertungen - und ich teile die Schlussfolgerung der Forscher von einst, dass dieses Experiment wie kaum ein anderes auf ein homogenes, zusammenhängendes Universum hinweist. Der Glaube an Gott wird rational, wenn er durch die innere Erfahrung Gott zugeschriebener Eigenschaften wie Mitgefühl, Liebe und Lebenskraft am eigenen Selbst realisiert wird. Auch der Glaube an mich, an die Treue der Meinen und an die im Menschen schlummernde Güte beinhaltet Gewissheiten, weil sie erlebt werden oder erlebbar sind. Natürlich hat auch der vernünftigste rationale Glaube seine Risiken, denn des Menschen Herz ist ein seltsames Ding und seine Regungen sind nie zu hundert Prozent berechenbar. Ich muss mit meinem Vertrauen auch das Risiko eingehen, enttäuscht zu werden, ich muss fähig sein, lieber mit der Aussicht auf Schmerz und Trauer zu leben, als dass ich mich allem Glauben verschließe und keinem Menschen mehr traue. Ohne diese mutige Geisteshaltung sind weder Glaube noch Liebe und Zuneigung möglich.

Über die Bereitschaft zum kritischen Denken hinaus sehe ich den Schritt zu einem harmonischen Leben in der Bündelung *aller* menschlichen Eigenschaften und Werkzeuge. Wir müssen ein eigenes Vorstellungsvermögen entwickeln, das uns nicht mehr nur ein Fluchtmittel aus unerträglichen Verhältnissen ist - wir müssen uns eine Vision von realen Möglichkeiten schaffen. Diese Vision darf aber nicht aus der Phantasie kommen, sie muss aus den vorhandenen Fakten ein Bild gewinnen, das der Realität sehr nahe kommt. Die gedankliche und emotionale Umstellung von getrennt auf integriert ist das wesentliche Element einer neuen Intelligenz. Weil wir dann vielleicht das erste Mal aus einer Position heraus leben, die mit der Wahrheit und damit auch der Wirklichkeit übereinstimmt.

7. Kapitel

Handeln und Kreativität

Es kann wahr sein, dass das Schicksal der obwaltende Schiedsrichter der Hälfte unserer Handlungen ist, aber er lässt uns dafür die andere Hälfte selbst beherrschen.

Macchiavelli

Der mächtige Impuls zu leben und zu wachsen ist nicht bloß ein gelegentlich auftretendes spontanes Gefühl von Freude und Wohlbehagen - er ist die Summe aller Lebensäußerungen: unserer Gedanken und Handlungen, unserer Visionen, Sehnsüchte und Wünsche und unseres Verstandes ebenso wie aller unserer Empfindungen. Als einen weiteren Schritt hin zu einem glücklicheren Leben wollen wir uns nun mit der Kunst des intelligenten Handelns beschäftigen. Richtiges Handeln wird zwar vom rationalen, kritischen Denken geleitet, aber Denken trägt nur partiell zum Funktionieren bei - es werden noch andere Fähigkeiten unseres Gehirnes gebraucht, sogar unsere Instinkte spielen dabei eine Rolle. Apropos Instinkt: Erich Fromm hat in einem seiner Bücher einmal sinngemäß geschrieben, *der moderne Mensch habe technisch Höchstleistungen vollbracht, wir hätten den Mond betreten und würden nach den Sternen greifen, aber emotional lebten wir noch immer in der Steinzeit.* Demgegenüber habe ich den Eindruck, dass der Instinkt mit dem Tempo der Evolution weitaus besser Schritt gehalten hat als unser Gefühlshaushalt. Er, der zu Urzeiten bei Gefahr „LAUF WEG, SO SCHNELL DU KANNST“ schrie, flüstert heute einem Manager vielleicht zu: „Lass die Finger von der Fusion“ oder „Nimm dich vor deinen Freunden in Acht, trau lieber deinen Feinden“. Wir haben ihn umgetauft, den Guten, weil zuzugeben, dass er noch aktiv in uns ist, zugleich das Eingeständnis wäre, wie nahe wir immer noch den Primaten und der Steinzeit sind. Darum sagen wir heute lieber „Intuition“ dazu - und ehe Sie laut protestieren, sei vermerkt, dass sowohl Instinkt wie Intuition an sich nur Wörter, also eine Folge von Lauten, Geräuschen der gesprochenen Sprache sind. Der Sinn dahinter sollte von Tatsachen, von wirklichen Ereignissen geliefert werden und nicht von Interpretationen. Ich denke, dass in dem Maß, in dem der menschliche Geist humanere Strukturen annahm, auch die einst rudimentären Gehirnfunktionen in bestimmten Bereichen eine Sublimierung erfahren haben. Und in der Praxis spielt es eigentlich keine Rolle, ob der Feuerwehrmann, der mich mit der Leiter aus dem brennenden Zimmer holt, nun Rolf oder Eugen heißt. Wir mögen unsere Gaben taufen wie es uns passt, entscheidend ist am Ende, ob wir fähig sind, uns ihrer zu bedienen.

Es gibt seitens der Neurologie gewisse Behauptungen, nach denen der Mensch im Allgemeinen nur etwa ein Zwanzigstel seines Hirnvolumens benutzt. Man kann darüber streiten, ob das der Wahrheit entspricht oder nicht. Wenn allerdings wir beide, Sie und ich, das Verhalten der Menschen, das uns mit den Nachrichten aus aller Welt täglich übers Fernsehen oder die Presse frei Haus berichtet wird, kritisch würdigen, drängt sich uns doch die Schlussfolgerung auf, dass die These von fünf Prozent benutzter Gehirnmasse eher noch geschmeichelt ist. Eine andere, unser Oberstübchen betreffende und (unter anderem auch von mir) mit Vergnügen vielfach aufgegriffene und publizistisch verarbeitete Theorie ist die Sache mit der rechten und linken Gehirnhälfte. Die Mathematik einer festen räumlichen Installation von Gehirnfunktionen geht freilich bereits nicht mehr auf, wenn jemand das möglicherweise sehr geringe genutzte Volumen in Rechnung stellt. Dass die rechten und linken Hirnhälften etwas mit der Funktion rechter und linker Gliedmaßen und entsprechend im Körper gelagerter Organe zu tun haben, halte ich für wahrscheinlich, nicht aber die aufgelistete Installation intellektueller Eigenschaften und Funktionen in der linken Gehirnhälfte und die der emotionalen in der rechten. Eine derartige Aufteilung halte ich inzwischen nur noch für eine hübsche, anschauliche Theorie. Unser Gehirn ist virtuell organisiert und beim

Aufbau seiner Zellverbände scheint es eher chaotischen als symmetrischen Regeln zu folgen. Unabhängig davon, an welcher Stelle unser Gehirn seine Qualitäten installiert hat oder wo die neurophysiologische Theorie sie hin verweist - wir sollten uns eine Weile mit ihnen beschäftigen, weil ein paar von ihnen mit jenen mehrfach zitierten Tendenzen zum Wachstum korrespondieren und sie unterstützen. Wenn ich im folgenden Abschnitt Eigenschaften und Fähigkeiten des Gehirnes rechts oder links zuordne, beziehe ich mich ausschließlich auf *Funktionen* und in keinem Fall auf hypothetische Standorte. Unser Gehirn legt eine Anzahl von Stamminformationen unseres intellektuellen und emotionalen Reaktionspotenzials eher analog der zeitlichen Reihenfolge von Lernprozessen ab als nach Kriterien von Sachinhalten. Ein Kind kann mit einem oder mit zwei Jahren das erste Mal lernen, dass man sich am heißen Ofen die Finger verbrennt - was heute in zentralbeheizten Wohnräumen sowieso kaum noch passiert -, dafür lauern Gefahren für die Fingerchen in den Steckdosen. Infolgedessen trifft das Gehirn beim Einordnen der schmerzhaften Erfahrung beim Einjährigen auf ein noch kleineres Erinnerungsvolumen als beim Zweijährigen. Nach dem chaotischen Prinzip dürfte das Warnsignal vor Strom oder Hitze dann logischerweise bei jedem der beiden Kinder einen anderen Platz in der Hirnrinde gefunden haben.

Die Verfasser der Theorie von den Hirnhemisphären haben zwei Schubladen geschaffen, die für Gehirnhälften stehen. In der linken Schublade befinden sich die intellektuellen Eigenschaften und Funktionen und in der rechten die kreativen, spontanen, emotionalen. Und es wird behauptet, dass die linksseitigen Fähigkeiten keinen Zugang zum rechten Bereich haben, dem gegenüber aber die rechts eingestuften Gaben sehr wohl die intellektuellen Funktionen beeinflussen können oder könnten. Im Klartext: Der autosuggestive Befehl „sei spontan“ oder „sei endlich kreativ“ klingt nicht nur wie ein Witz - er ist einer. Denn sobald ich einem vom Verstand beschlossenen Imperativ folge, fliegt die Spontaneität zum Fenster hinaus. Insofern wäre die Behauptung über die fehlende Zugriffsmöglichkeit des Intellektes auf die echten, kreativen Fähigkeiten des Gehirns einigermaßen bestätigt. Nicht so

..deutig dagegen ist die Unterstellung einer etwaigen emotional-spontanen Beeinflussung der linken Schubladeninhalte durch die Summe der rechten. Gewiss wird sich jeder Mensch mindestens an eine Szene in seinem Leben erinnern, wo seine Gefühle den Verstand überwältigt und ihn - zum Segen oder Fluch - zu einer ungeplanten Tat getrieben haben. Aber ich werde mich hüten, aus solchen Binsenweisheiten bereits Rezepte für intelligenteres Handeln abzuleiten. Dazu gehört - leider - ein bisschen mehr, die Lösung greift tief in den Bereich unserer Grundannahmen übers Leben hinein und von dort aus sollten wir sie in der Folge auch angehen.

Betrachten wir uns trotz aller Vorbehalte einmal die klassische Einteilung: In der linken der theoretischen Schubladen sitzt der Verstand. Von hier aus wird gedacht und erinnert. Die Fähigkeit zu sprechen ist hier angesiedelt einschließlich aller Funktionen, für die wir die Sprache benutzen - formulieren, definieren, beschreiben. Sinneseindrücke werden durch Abgleich mit dem Gedächtnis auf ihre Bedeutung hin untersucht. Links wird abstrahiert, mit Symbolen gearbeitet und Gedanken werden zu linear fortlaufenden Ketten vernetzt. Der linke Hirnfunktionsbereich benutzt Ausschnitte oder einzelne Elemente der Wahrnehmung zu Schlussfolgerungen über das Ganze. Er operiert linear, das heißt, er geht Schritt für Schritt der Reihe nach vor. Der linken Schublade zugeschrieben ist der Sitz des Zeitgefühls und des Erkennens chronologischer Vorgänge; es wird auf der Basis logischer Gesetze analysiert; die linken Funktionen ermöglichen Rechenoperationen mit Zahlen oder mathematischen Symbolen, sie ziehen logische Schlussfolgerungen auf der Basis von vorhandenen Fakten und können die Hierarchie von Ordnungssystemen unterscheiden. Links entstehen unsere Pseudogefühle, die wir für echte Gefühle halten (Näheres später im Kapitel über Gefühle). Der der rechten Hälfte zugeschriebene Hirnfunktionsbereich nimmt umfassend wahr, er hat geringen Bezug zur Sprache und erlebt Sinneseindrücke unmittelbar. Er vermag Dinge und Situationen im augenblicklichen Zustand zu erfassen und er ist fähig, Übereinstimmungen und Zusammenhänge nichtlinear, also gewissermaßen „am Stück“ zu entdecken. Den rechten

Hirnfunktionen fehlt jedes Zeitgefühl, sie brauchen für Beurteilungen und Entscheidungen keine rationale Basis. Sie erfassen spontan und ganzheitlich die Beziehung von Situationen zu anderen, im Kontext zu ihnen stehenden, sie erkennen Teile in ihrem Verhältnis zum Ganzen, arbeiten intuitiv und erkennen Bedeutungen und Zusammenhänge durch plötzliche Eingebung. Rechts ist fähig, Informationslücken zu schließen und komplexe Muster und Strukturen als Ganzes zu erfassen; rechts kann gegenüber der von links kommenden Analyse zu gegensätzlichen Resultaten gelangen. Und nicht zuletzt sitzt dort die Quelle unserer echten, nonverbalen, spontanen Gefühle.

Für die Existenz der in die linke Schublade geworfenen Funktionen brauchen wir keine Beweise - wir leben damit und benutzen sie permanent, nur durch den Schlaf unterbrochen, und selbst während der Nacht wirkt oft genug der Intellekt ins Unbewusste der Träume im Aufarbeiten der Tagesereignisse hinein. Die der rechten Hirnhälfte zugewiesenen Eigenschaften und Fähigkeiten machen aus dieser Schublade eine Schatztruhe. Hier werden Gaben beschrieben, die gewiss existieren und auch ins menschliche Leben hineinwirken, aber von deren regelmäßigem Auftreten im Alltag wir nur träumen können. Wohl gibt es Übungen, wie sich die kreativen, schöpferischen Hirnfunktionen aktivieren lassen, aber ich habe meine Zweifel, ob diese Techniken ausreichen, um einen grundlegenden Wandel unserer Methoden des Handelns herbeizuführen. Ein kritischer, logisch arbeitender Intellekt ist die Grundvoraussetzung für einen funktionierenden Entscheidungsapparat. Ich habe mich in den vorangegangenen Kapiteln auf eine Gratwanderung begeben, als ich vor einem Mix von Verstand und Gefühl beim Entscheiden und Handeln warnte. Begründet habe ich meine Warnung mit der allgemeinen Verwirrung in den Köpfen der Menschen von heute, deren ambivalente, dauernd in alle möglichen Richtungen driftenden Gefühle den Verstand mehr vernebeln, als dass sie ihm eine Hilfe wären. Dieser Vorbehalt gegen eine Zusammenarbeit zwischen Gefühl, Intuition, Instinkt und Verstand gilt nicht mehr, wenn jemand objektiv, realitätsnah und logisch zu denken beginnt und dabei das Störfeuer seiner Gefühle im Auge behält.

Man muss beim Handeln wachsam auf seine Motive aus der zweiten Reihe des Bewusstseins achten. Die heimlichen Wünsche und Ängste, die ständig in unsere Entscheidungsprozesse hineinpfuschen, auch die Rechtfertigungen, die unsere Gedanken sich oft als Alibi für eine ansonsten zweifelhafte Entscheidung zusammenbasteln, müssen ans Tageslicht gezerrt werden - dann besitzen wir zwar immer noch verzweifelt wenig Informationen über einen beschlussträchtigen Sachverhalt, aber wir sind fähig, diese Informationen unbeeinflusst von unseren emotionalen Beweggründen zu beurteilen. Gewinnen Sie jetzt bitte nicht den Eindruck, hier würde Geistesakrobatik verlangt, ähnlich dieser scherzhaften Körperübung, bei der Sie sich mit einer Hand rhythmisch auf die Brust klopfen, mit der anderen kreisende Bewegungen oberhalb Ihrer Schädeldecke ausführen und begleitend dazu mit dem rechten Fuß die Zahl acht auf den Boden zeichnen. Es ist einfach, aber es braucht Demut und Ehrlichkeit, damit die Kuh vom Eis kommt.

Rekapitulieren wir noch einmal, was passiert, wenn jemand den publizierten Ratschlägen für einen Mix von Gefühl und Denken unkritisch folgt: Sein Verstand hat spätestens seit Mitte der Schulzeit die Oberhand über alle seine anderen Fähigkeiten gewonnen. Wie ein junger Kuckuck im Rotkehlchennest hat er die übrigen Mitbewohner entweder an den Rand gedrängt oder ganz aus dem Nest geworfen. Gaben wie Spontaneität, Intuition und selbst instinktive Anlagen verkümmern oder treten gar nicht mehr in Erscheinung. Im Gehirn hat der Verstand dank Erziehungsmodell und gesellschaftlichen Wertvorstellungen eine Monopolstellung gefunden, aus der heraus er auf Chancen lauert, seine unbewusst eingestandenen Schwachstellen aufzubessern. Der an seinen Verstandesgaben zweifelnde oder sogar an sich verzweifelnde Mensch studiert die Botschaften vom Handeln „aus dem Bauch heraus" und mancher mag zu der Schlussfolgerung kommen, dass es vielleicht kein Fehler wäre, sich mehr von Gefühlen leiten zu lassen. Sich Hilfe aus der eigenen Inspiration zu holen, spekuliert er, dürfte weniger anstrengend sein als der übliche Stress der Entscheidungsfindung, und die Sache hätte obendrein den Vorzug, dass sich im Falle des Misslingens die Schuld dafür den emotionalen Instanzen anlasten ließe. (Was den Schaden zwar nicht ungeschehen macht, aber man würde sich hinterher nicht so dumm vorkommen.) Er horcht dann beim Auftreten einer Herausforderung in sich hinein und wartet darauf, dass seine Gefühle zum Problem Stellung nehmen und ihm soufflieren, was zu tun ist. Weil er aber das eigentliche Problem nicht wirklich verstanden hat, reagiert er falsch. Meist bleiben echte Gefühle unter der Bewusstseinsoberfläche, die leisen Signale aus dieser Ebene werden übertönt von Gedanken, die gegen den Willen ihres Besitzers reflexartig die Situation interpretieren und mit seinen Erfahrungen vergleichen. Der Betroffene muss erleben, dass sich erst als eine Art Begleitmusik zu seiner intellektuellen Deutung gewisse Gefühle einstellen, bei denen zu Recht Vorsicht am Platz ist. Sollten diese Gefühle die Interpretation seines Verstandes bestätigen, kann er sich nie sicher sein, ob sein Wissen nicht die Emotionen zur Zustimmung verleitet hat. Und im alternativen Fall, wo Gefühl kontra Denken steht, ist er vollends ratlos, weil ihm die Fähigkeit abgeht, zwischen Inspiration und intellektueller Schlussfolgerung zu unterscheiden. Selbst bei bestem Wollen bleibt infolge des intellektuellen Übergewichtes die publizierte Kooperation von Verstand und Gefühl eine einseitige, nach wie vor vom Denken diktierte Angelegenheit. Nichtsdestoweniger ist für ein funktionierendes, intelligentes Handeln das Zusammenwirken *aller* menschlichen Gaben unerlässlich und dass die Kombination von Fühlen und Denken in der angepriesenen Art und Weise kaum gelingt, ist noch lange kein Grund zum vollständigen Abschied von dieser Idee. Nur braucht es andere Voraussetzungen - wieder spielen die Grundannahmen über unsere Identität, die Frage nach Dualität oder Einheit der Dinge eine wichtige Rolle beim Gelingen. Wir müssen in unseren Tagen das Bild des Individuums neu definieren und uns überlegen, wie wir die jahrtausendealten Irrtümer ausräumen können - und zwar ersatzlos, d.h., ohne sie durch neue Glaubenssätze oder Überzeugungen zu ersetzen. Unsere Gewissheiten und Vorurteile sind in einer Gesellschaft entstanden, die in Richtung Wahrheit außer vereinzelten Lichtblicken inmitten einer weitschweifigen Philosophie wenig Erkenntnis besitzt. Wir sollten davon ausgehen, dass höchstwahrscheinlich die meisten Überzeugungen, nach denen wir leben, auf einer Mischung aus Fehlinformation und Selbsttäuschung basieren. Dass wir Opfer falscher Botschaften geworden sind, weil uns das Selbstvertrauen fehlt, ohne fremde Hilfe die richtigen Antworten auf Fragen übers Leben zu finden.

*

Es war der Physiker Werner Heisenberg, der sinngemäß einmal sagte: „Die Welt ist nicht nur anders, als wir sie uns vorstellen - sie ist anders, als wir sie uns vorstellen *können.*“ Ein guter Anfang für einen Wandel wäre es, die zahllosen Lebenslügen über Geist und Mensch, Gott und die Welt nicht mehr zu glauben. Wir sollten uns unser Nichtwissen und den Mangel an Erkenntnis eingestehen. Dieses Eingeständnis wäre zwar keine Erleuchtung, aber ein kraftvoller Schritt in die Freiheit. Ein Mensch, der sein Nichtwissen akzeptiert hat und damit lebt, statt zu fragen und zu suchen, ist nicht mehr manipulierbar. Er hört auf, irgendjemandes Nachfolger zu sein. Wer an diesen Punkt des ehrlichen Eingeständnisses seiner Unwissenheit über Gott, Sinn und Identität gelangt, beginnt allerdings auch zu spüren, wie allein er ist. Es kommt ein Gefühl grenzenloser Zuständigkeit auf, weil dann keine Instanzen mehr da sind, auf die er ein Leben lang den Großteil seiner Verantwortlichkeiten abgewälzt hat. Das Phänomen Nichtwissen ist im Sinne unserer Zielsetzung wichtig genug, um sich ausführlicher mit seinen psychologischen Fallstricken zu befassen. Bereits die Frage eines Fremden auf der Straße nach dem Weg bringt uns in Verlegenheit, wenn wir die Antwort nicht wissen. Irgendwie schämen wir uns unserer Unkenntnis. Ich kenne Leute, die in einer solchen Situation lieber eine falsche Auskunft geben als einzugestehen, dass sie etwas nicht wissen. Bei Geselligkeiten können Sie vereinzelt Gäste dabei beobachten, wie sie selbstherrlich Vorträge über Spezialgebiete halten, die außer ihnen keinen Menschen interessieren. Aber ihr Geschwätz wird erduldet, weil niemand zuzugeben wagt, nichts von dem Thema zu verstehen. Die Sorge, für einen Banausen gehalten zu werden, ist größer als das Unbehagen des Zuhörens und sie verschafft diesen Plagegeistern jeder größeren Party ihr Publikum. Oder es werden Informationen über die Hintergründe von Tagesereignissen diskutiert, die man in jedem Käseblatt nachlesen kann. Aber zufälligerweise hat man selbst aus Zeitmangel oder Desinteresse nichts über das Thema vernommen und ist peinlich berührt, wenn einen die Tischnachbarin plötzlich leuchtenden Auges fragt: „Nun, Egon, was halten *Sie* davon?“

Die Parole „*Wissen ist Macht*“ wirkt sich auf beinahe lächerliche Weise bis in die privatesten Bereiche hinein aus. Was wir an Wissen besitzen und nach außen vorzeigen können, ist zugleich der Gradmesser der Achtung, die uns andere Leute entgegenbringen. Ich kenne Menschen, die unter allen Umständen und bei jeder Gelegenheit mit ihren Kenntnissen und Fähigkeiten protzen müssen. Ihr Selbstvertrauen ist so unterentwickelt, dass sie ohne diese billigen Achtungserfolge äußerst unglücklich sind.

Wenn ich nun diese - von den geschilderten Extremen einmal abgesehen - eher liebenswerte Verschämtheit bei mangelnden Informationen der Tatsache gegenüberstelle, dass der größte Teil unserer Entscheidungen aus einem Zustand des Halbwissens, der Spekulation heraus gefällt wird, dann stellt sich doch wirklich die Frage, wo Betroffenheit oder Scham am Platz sind und wo sie lächerlich werden. Es macht mich weder ärmer noch hilfloser, wenn ich nicht weiß, wo die Bismarckstraße ist oder wer die Bürgermeisterwahl von Klein Pinne an der Knatter gewonnen hat. Betroffenheit wäre bei der Einsicht meiner Unfähigkeit am Platz, die kreativen Gaben meines Hirnes dort richtig einzusetzen, wo mir bei Entscheidungen wichtige Informationen fehlen. Und unser Verhalten, unsere Gefühle angesichts von manchmal unbedeutenden Wissenslücken macht zugleich verständlich, warum es uns so schwer fällt, die nachtschwarze Unkenntnis fundamentaler Wesenszüge unserer Existenz zuzugeben.

Der Mensch bräuchte also dringend Zugang zu den verschütteten Gaben des rechten Hirnfunktionsbereiches. Nicht dass er diesen Zugang noch nie besessen hätte - als Kind hat ihn jeder mit auf die Welt gebracht. Aber man hat uns die Fähigkeit zum Gebrauch angeborener, natürlicher Fähigkeiten durch Erziehung, Schule und Ausbildung *wegdressiert!* Man betrachte einmal Kinderzeichnungen aus verschiedenen

Altersklassen. Die der kleinen sind spontan, ungehemmt und ohne den Wunsch nach Perfektion oder Ähnlichkeit mit Vorlagen. Es ist eine Freude, solche Bilder anzuschauen, sie sind voller Leben und Unbefangenheit. Aber je älter die Kinder werden, je mehr der Verstand die Oberhand gewinnt, desto steifer und „untalentierter“ wirken die Schülerarbeiten. Deutlich ist der Einfluss des Verstandes, sein Ringen um Authentizität und Perfektion erkennbar. Und im gleichen Maß, in dem der Intellekt sich einmischt, verdünnt sich die Kreativität. Nach Abschluss der Individuationsphase, also im Alter zwischen vierzehn und sechzehn (bei Mädchen früher als bei Jungen), hat der Verstand eine Monokultur erschaffen, neben der andere Pflänzchen kaum mehr gedeihen.

Wir haben zwölf Jahre in den Vogesen gewohnt. Hinter unserem Haus gab es einen Fichtenwald. Ein alter Mann hatte ihn künstlich angelegt, Reihe um Reihe dicht bepflanzter Waldboden. Unter den Bäumen herrschte ewiger Schatten, nur wenig Licht drang noch zum Boden durch, sodass selbst Pilze mit sehr wenig Lichtbedarf nicht mehr gediehen. Alle anderen Pflanzen des Waldes hatten längst ihr Wachstum eingestellt. Eines Tages wurde der Wald „abgeerntet“, nur ein Kahlschlag ohne alle Vegetation blieb zurück. Aber siehe da, im nächsten Frühjahr waren alle verdrängten Pflanzen wieder da: der Fingerhut, die wilde Himbeere, Brombeeren, Heidelbeeren, Orchideen, Weidenröschen, Anemonen und später die ganze Palette der Pilze. Warum erzähle ich diese Episode? Nun, analog der Monokultur im Fichtenwald ist auch bei uns trotz aller Überbetonung des Intellektes nicht alles zu spät. Und es braucht noch nicht einmal einen Kahlschlag, um Kreativität, Spontaneität, Instinkt und Inspiration wieder zum Sprießen zu bringen. Wir müssen nur die Falle sehen, die der Verstand sich selbst durch seinen anerzogenen Absolutismus gestellt hat. Wir müssen begreifen, dass dieser Verstand, so nötig wir ihn brauchen und so dankbar wir sind, dass er uns aus der Steinzeit geführt hat, dass dieser Verstand aber auch störanfällig und fehlerhaft ist und dass er die Hauptschuld an unserem allgemeinen Unglücklichsein trägt. Wenn wir das zugeben, ihm das ungerechtfertigte Vertrauen entziehen, ist er immer noch vorhanden, so funktionsfähig wie eine Viertelstunde vorher, aber das an sich zweifelnde Gehirn hat plötzlich kein Instrument zum Handeln mehr. Und in dieses Vakuum hinein können sich dann wie die Pflanzen des Waldes unsere anderen Gaben wieder wie einst in der Kindheit entfalten und unser Leben bereichern.

Die spätestens an dieser Stelle überfällige Leseranfrage: „Und bitteschön, wie macht man das?“ ließe sich schlicht mit dem folgenden Hinweis beantworten: Addieren Sie alle Dummheiten Ihres Lebens zusammen und verwenden Sie sie als Lastschrift auf dem Konto Ihres Verstandes. Lassen Sie sich ins schwarze Loch einer scheinbaren Handlungsunfähigkeit fallen, indem Sie freiwillig der eigenen Erfahrung das Misstrauensvotum aussprechen. Dieser Vertrauensentzug, sofern konsequent durchgeführt, kann bereits die Tür zu den blockierten Gaben und Fähigkeiten öffnen. Die Tendenzen zu Gedeihen, Wachstum und Wohlergehen wirken dann unaufgefordert ins tägliche Leben hinein. Sie verwenden keine Worte und keine Bilder. Man könnte ihr Auftreten am ehesten als ein Ahnen oder nonverbales Wissen bezeichnen - *und es handelt sich eindeutig nicht um Gefühle.* Sie bereiten die Chancen vor, aus denen sich bei einiger Achtsamkeit die Veränderungen erarbeiten lassen, die Sie sich so lange schon wünschen. Und lassen Sie sich vom Wort „erarbeiten“ nicht irritieren - das intelligente Erfassen von Chancen, das spontane Erkennen positiver, oft nur ganz kurz auftretender Konstellationen, ist nur die eine Hälfte des neuen Handelns. Dem instinktiven oder intuitiven Begreifen muss der intellektuelle Prozess folgen, das kritische Denken, das die spontanen Einsichten einer Situation formuliert und notwendig werdende Aktionen realisiert. Der Verstand muss kooperierend sein Bestes geben, auch angesichts der Erkenntnis, dass das Beste immer noch nicht gut genug für den Wettbewerb des modernen Lebens ist.

Ich erinnere mich an eine Zeit, wo ich öfter im Freundeskreis Skat gespielt habe. Da gab es Abende, an denen mir nichts gelang, ich bekam in der Dreierrunde grundsätzlich die liederlichsten Karten und wenn ich mal ein Spiel riskierte, verlor ich es jedes Mal, oft mit Kontra und haushoch. Doch manchmal, mitten in einer Pechsträhne, stellte sich eine Art heitere Gelassenheit ein. Alle Gier, endlich auch einmal eine Partie zu gewinnen, verschwand. Ohne den Spaß am Spiel zu verlieren fühlte ich mich leicht, frei und unbeschwert - und mit einem Mal, wie durch Zauberhand, wurden mir Blätter ausgeteilt, mit denen ich während des ganzen weiteren Spielverlaufes jede Runde gewann. Selbst mit schwächlichen Karten machte ich das Spiel, fand Trümpfe dazu und gewann auch diese Partien. Ich habe später oft über dieses Phänomen nachgedacht und überlegt, wie man es in Krisenzeiten zum Leben erwecken könnte. Ich bin mir sicher, es würde überall und allezeit funktionieren - vorausgesetzt, es gelingt der Sprung in jenen Geisteszustand, den ich oben beschrieben habe. Aber diesen Schwenk um wenige Grade, nur um zehn Winkelminuten weg von der Gier nach Erfolg und der Angst, ihn zu verpassen, kann der Wille nicht herstellen. Ich mag mir vornehmen, jetzt bin ich gelöst, gelassen, heiter, unbeschwert, aber der Verstand flüstert zurück: Lass den Unfug, du kommst aus diesem Teufelskreis von Sorge und dem Verlangen, ihr zu entfliehen, nicht heraus. Die Frage, wie man diese wahrscheinlich allen Menschen angeborene Gabe dem Alltag dienstbar machen könnte, hat mich lange beschäftigt, bis ich es begriffen habe: *Man darf nicht gewinnen wollen, wenn man gerne gewinnen möchte!* Der Griff nach der Brechstange, mein Wille, die verborgenen Fähigkeiten zum Sieg in mir zu erwecken, erzeugt exakt die Blockade, die diese Eigenschaften meines Gehirns außer Betrieb setzt.

*

Unsere Aufmerksamkeit und Sensibilität gegenüber dem Geschehen des Alltags braucht eine grundlegende Steigerung, wenn irgendwo zwischen unseren Denkprozessen jene spontane Intelligenz hervorbrechen soll. Wir müssen damit aufhören, unsere Tage halbblind, halbwach - und auf weiten Strecken auch nur halb lebendig zu verbringen, immer mit dem Blick in eine Zukunft, der wir, sobald sie zur Realität wird, ebenso abwesend begegnen. Wir müssen wieder lernen, wie einst in der Kindheit die Dinge täglich mit neuen Augen und frischem Sinn zu sehen und zu erleben. Es ist nichts tödlicher für unser

Glückserleben, als wenn wir für das Bekannte abstumpfen und es übersehen. Machen Sie ein kleines Experiment: Versuchen Sie, Gegenstände, die Sie länger in Gebrauch haben - die Kaffeemaschine, das Auto, die Spülmaschine, das Radio - heute wieder mit der gleichen frohen Intensität zu benutzen, wie kurz nach dem Kauf. Bei dieser Übung werden Sie bald bemerken, wie fern von jenen Glücksmomenten der ersten Stunden des Gebrauchs Sie heute stehen. Sie haben zugelassen, dass alles, was länger in Ihrem Besitz ist, emotional entwertet und zur vernachlässigbaren Größe wurde. Fatalerweise ist uns auch der Umgang mit lebenden Menschen zur Gewohnheit geworden. Wir ignorieren das sich pausenlos verändernde Innenleben, dessen Befindnisse und Stimmungen sich mit den Schwankungen der Lebensvorgänge mit bewegen. So wenig man zwei Mal im gleichen Fluss baden kann, weil immer wieder neues Wasser zu Tal fließt, so wenig begegnet man im Grunde zwei Mal dem gleichen inneren Menschen. Jeden Tag beherrschen ihn andere Gefühle und Gedanken, andere Freuden, Erinnerungen und Probleme. Was uns tatsächlich an unserem Nächsten vertraut erscheint und uns suggeriert, wir würden ihn ein für allemal kennen, sind seine Gewohnheiten, die Matrizen, die den groben Rahmen seines Verhaltens nach außen bilden. Aber dies alles sind nur gewachsene Masken, hinter denen erst der wirkliche Mensch steckt. Es ist große Kunst, die Dinge und vor allem die Menschen unseres Umfeldes mit immer neuen, jungen, unroutinierten Augen zu sehen. Wem es gelingt, so hellwach, bewusst, achtsam zu sein, dem wird jede Begegnung, jeder Alltagsgebrauch zum prickelnden, beglückenden Erlebnis, intensiv wie in der ersten Stunde. Und ein Mensch, der dieses Verhalten in seine Liebesbeziehung einbringt, dürfte sich seltener fragen müssen, ob ihm der Partner, die Partnerin eines Tages davonläuft. Glauben Sie mir, eine Frau, die bisher von ihrem Mann den Eindruck hatte, er würde sie als einen Teil der Wohnungseinrichtung betrachten, wird sehr wohl die fundamentale Veränderung bemerken, wenn er sie plötzlich wieder wie einen für ihn wichtigen Menschen behandelt. Bei Gesprächen erlebe ich oft, wie Menschen ihre Sensibilität und ergo Verletzlichkeit betonen. Und es stimmt, die Leute *sind* sensibel und schnell gekränkt. Es ist eine Sensibilität, die nur sie selbst betrifft, aber selten das Schicksal anderer Menschen einschließt. Das neue Handeln kommt nicht ohne Sensibilität, nicht ohne Empfindsamkeit aus, nicht ohne das leidenschaftliche Interesse an den nonverbalen Impulsen aus der eigenen Tiefe. Aber es muss ein Einfühlungsvermögen in die Reaktionen auf die *ganze* Außenwelt sein - das Sensibelchen nur für die eigenen Belange zu spielen ist nichts weiter als schlecht kaschierter Egoismus.

Der Zugang zur Schatztruhe der rechten Hirnfunktionen öffnet sich, wenn ich objektiver wahrnehme, weniger interpretiere, die Dinge selbst zu Wort kommen lasse, wenn ich unmittelbarer, realistischer denke und fühle, wenn ich Mitgefühl zulasse und meine Umwelt zu lieben beginne, wenn ich meinen verborgenen Selbsthass aufgebe und meine Desintegration, die intellektuelle Abtrennung von der Außenwelt überwinde. Im Beruf zum Beispiel könnte bei einem Menschen, der nicht abgespalten von seinem Umfeld denkt und handelt, in die Beziehung zu seiner Arbeit ein ganz neues Element einziehen: Er würde merken, wie er plötzlich ein starkes Gespür für die vernetzten Zusammenhänge seiner Aufgabe gewinnt und er wäre fähig, über die intellektuelle Analyse hinaus einen Sachverhalt komplex, in einem Stück zu erfassen und zu verstehen. Sehen wir uns den Geisteszustand eines ungeteilten Menschen an, der beschlossen hat, an der Börse seine Brötchen zu verdienen. Er ist sich bewusst, dass der ganze Rummel um Aktien, Optionen und Wertpapiere zugleich Bestandteil seiner Identität ist: *Er ist der Spekulant, der Spieler - aber er ist ebenso das Spiel.* Hier setzt der Unterschied ein zwischen dem tumben Toren, der sein Geld riskiert und der risikobereiten Vernunft unseres Mannes, der die herrschenden Strömungen zu erahnen imstande ist, weil er mit diesen Strömungen identisch ist. Der intelligente Spekulant fühlt sich nicht abgespalten von den Prozessen, die er beobachtet, den Kursnotierungen, den Abstürzen und Höhenflügen, Hausses und Baisses, wie sie nonstop auftreten. Er weiß, zuerst auf Probe und gutem Glauben und in der Folge aus Erfahrung, er und diese Entwicklungen sind nicht getrennt voneinander. Er erlebt die Einheit von Beobachter und den beobachteten Vorgängen und aus dieser Einheit heraus gewinnt er das Fingerspitzengefühl für die feinen Bewegungen dieses Regelwerkes.

Für den Anfang würde es genügen, als Arbeitshypothese eine Position zu entwerfen, wie sie wahrscheinlich real existiert. Dem Menschen, der die mögliche Identität mit dem Göttlichen in sein neues Denkmodell einbaut, winkt als Lohn eine Ahnung von Allmacht, von Unverwundbarkeit, und es stellt sich ein Empfinden grenzenloser Einflussmöglichkeit ein. Von diesem Standort des Denkens sollte uns auch der Mangel an äußeren Entfaltungsmöglichkeiten durch Geldmangel, Beziehungskrisen, Berufsprobleme oder angeschlagene Gesundheit nicht abhalten. Natürlich fühlen wir uns in unserem persönlichen Lebensbereich vielfach durch allerlei Regeln und Bestimmungen eingeengt, und es ist verständlich, wenn solche Grundsituationen einen heftigen Widerstand gegen die Einsicht erzeugen, dass man obendrein auch noch mit dem Rest der Welt, die einen so bedrängt, verwachsen sein soll. Tatsächlich aber ist diese Einsicht der Beginn echter Autonomie. Ich habe aufgehört, mich als isoliertes, desintegriertes Individuum abzustrampeln und ich habe gelernt, in Harmonie mit dem Gesamtgeschehen meine Furchen zu ziehen. Ich entscheide und handle in Übereinstimmung mit den Bewegungen meiner Welt. So ist Willensausübung möglich, intelligent, kreativ und abgestimmt mit den jeweils vorliegenden Gegebenheiten.

Beim Lesen könnte der Eindruck entstehen, als würde das Leitthema des Buches nur spärlich behandelt und das Phänomen Gott außer einem speziellen Kapitel mehr oder weniger als Pflichtübung im Nebensatz gestreift werden und einem außerdem die Lust zu leben, falls vorhanden, bei der Lektüre der vielen kritischen Anmerkungen eher vergehen. Aber der Schein trügt - es verhält sich grundlegend anders und es ist gut, dies hier zu erwähnen, bevor sich Irrtümer einschleichen. Wo immer ich in dieser Arbeit den Menschen und sein Verhalten beschreibe, wird synchron das Walten von etwas Ganzem beschrieben, weil das probehalber und zeitlich befristet zur Übernahme empfohlene Denkmodell vom Prinzip der Einheit unausgesprochen die Identität des

Individuums mit dem schöpferischen Prinzip impliziert. Und wem es gelingt, die behutsamen Hinweise zur Änderung seiner Grundannahmen versuchsweise umzusetzen, wird bemerken, wie nach und nach Lebensfreude bei ihm einzieht und die Lebensangst vertreibt. Der Unterschied zwischen Menschen, die sich daran orientieren und den anderen, die in der alten Weise weitermachen, wird sichtbar: Denjenigen, die aus einem Geist der Ganzheit heraus leben, geht es deutlich besser.

*

Im Verständnis der philosophia perennis ist Gott nicht das ganz Andere, das dem Menschen gegenübersteht, sondern das Absolute, in dem der Mensch enthalten ist und das ihn durchdringt. Wir leben und weben und sind darin - und zwar nicht wie in der Religion durch den Glauben, sondern im Medium der Erkenntnis.

Rüdiger Safranski[18]

7. Kapitel

Freiheit

Wer bereit ist, wesentliche Freiheitsrechte aufzugeben, um sich damit auf Zeit ein bisschen Sicherheit zu erkaufen, verdient weder Freiheit noch Sicherheit.

Benjamin Franklin

In einer Zeit, wo jede kleine dreckige Offerte von Freiheit faselt, sie dem verspricht, der die richtige Partei wählt, aus dem richtigen Gesangbuch singt oder das richtige Geschirrspülmittel benutzt, hat das Wort seinen Wert verloren; es ist nur noch eine ihres Inhaltes beraubte, plattgewalzte Phrase zurückgeblieben. Wir wollen untersuchen, ob es für den menschlichen Geist so etwas wie eine universale Freiheit gibt, die am Anfang allen Wandels steht, oder ob Freiheit mehr eine Angelegenheit subjektiver Standpunkte oder Interpretationen ist. An zweiter Stelle hinter dem Wort „Liebe" ist „Freiheit" wahrscheinlich einer der weltweit am meisten missbrauchten Begriffe. Diktatoren, Demokraten, Gesellschaftskritiker, Dichter, Autoren, Psychotherapeuten, Wunderheiler, die Frauenbewegung, Jugendliche und, last but not least, die Künstler natürlich, haben es auf ihr Banner geschrieben. Das ist die Tragik mit solchen großartigen Begriffen: Uns wird bereits wohl, wenn wir sie hören oder selbst benutzen. Und jeder von uns hat seine eigene subjektive Vision von Freiheit. Eine leidgeprüfte Frau ohne Berufsausbildung mit drei Kindern und einem trinkenden, fremdgehenden Ehemann wird mit dem Wort eine andere Vorstellung verbinden als ein Gymnasiast, der sechs Monate vor dem Abitur steht. Ein Weihbischof interpretiert sie wiederum anders als ein im Zuchthaus einsitzender Straftäter. Unabhängig von diesen individuellen Auffassungen kann man grob zwischen geistiger und materieller Freiheit unterscheiden. Die materielle Freiheit, also die finanzielle Unabhängigkeit, ist freilich relativ. Einmal ist selbst der Wohlhabendste in irgendein Regelwerk eingebunden, das ihm Zügel anlegt. Die Beschränkungen der Freiheit reicher Leute mögen graduell verschieden sein, aber sie sind gewiss vorhanden, selbst wenn es nur die Forderungen ihres Besitzes, ihn zu erhalten und zu vermehren sind, die sie binden. Uns normal begüterten Sterblichen verschafft das seltsame Phänomen ein bisschen Befriedigung, dass selbst Milliardenvermögen paradoxerweise mehr Unfreiheit erzeugen als sie Freiheiten gewähren. Ich will damit gewiss nicht den Wohlstand verdammen und ein Loblied auf die Armut singen - wie sagte Schmuel Rodensky so schön: „*Armut ist keine Schande, aber eine besondere Ehre ist sie auch nicht.*" Reichtum kann einem mittelmäßigen Geist ebenso die Freiheit rauben und ihm zur Qual werden, wie dem Armen sein endloser Mangel. Lassen Sie mich hier - zum Trost und Ihrer Erheiterung - eine kleine Episode aus einem Zeit-Aufsatz[19] zum Besten geben:

Einst war ich in einem Madrider Restaurant Gast eines deutschen Milliardärs, der auf die Bitte seiner Frau um ein Glas Champagner nach einem Blick in die Getränkekarte sagte: „Champagner kostet fünf Mal so viel wie spanischer Sekt. Er kann unmöglich fünf Mal so gut sein. Wir nehmen spanischen Sekt." Diese Antwort hatte einerseits eine überwältigende Vernünftigkeit und offenbarte andererseits eine menschliche Tragödie. Wie viele Milliarden muss einer eigentlich besitzen, damit er aufhört, sich um 50 Mark zu grämen? „Falsch!", ruft die Gewerkschaft der deutschen Großmütter. „Genau so bringt man es zu Geld." Falsch, verehrte Großmütter: So bringt man es vielleicht zu einem Bausparhäuschen. Zu Millionen oder gar Milliarden nie - nie durch Sparen, sondern durch Riskieren und Investieren, durch den Riecher für die Gunst der Stunde, durch stählerne Ellenbogen, Glück und zumeist durch eine bestimmte Eigenschaft: Gefräßigkeit. Fast alle, die zu sehr viel Geld gekommen sind, haben es mit dem spanischen Sprichwort gehalten: „Wer Papst werden will, darf an nichts anderes denken."

Ans Geld haben sie gedacht, pausenlos und unersättlich. Irgendwo 50 Mark zu sparen finden sie nicht deshalb wichtig, weil dies ihren Reichtum noch vergrößern würde - tut es gar nicht, für Milliardäre fallen 50 Mark unter den mathematischen Begriff der zu vernachlässigenden Größe. Wer ein Stück Würfelzucker in den Bodensee wirft, glaubt ja auch nicht, dass der dadurch süßer würde.

In unserer Wertvorstellung hat Freiheit im Sinne der Staatsverfassung ihren festen Platz. Wir genießen die Rechte des Grundgesetzes zur freien Meinungsäußerung, Religionsausübung, und uns droht auch keine Strafe wegen Republikflucht, wenn wir ins Ausland verreisen. Die Freiheiten unserer zivilen Situation untergliedern wir in kleinere begrenzte Sektoren, wie zum Beispiel die Freiheit eines selbstständigen Berufes, die Freiheit des Junggesellen oder seines weiblichen Gegenstücks, die Freiheit, sich Überzeugungen kontrovers zu den herrschenden Normen zu bilden, das schuldenfreie Häuschen oder vielleicht die Freiheit des Pensionärs nach vierzig Jahren Fron. Aber leider haben die kleinen oder auch die größeren materiellen Freiheiten ihre Tücken. Sie können sich zwar wie einst der chinesische Dichter Han Shan auf einen unwirtlichen Berg in die Einsamkeit zurückziehen und auf alle Konventionen und jede gesellschaftliche Anpassung pfeifen - aber der Preis dieser Art Freiheit ist recht hoch, wenn man die Dinge bedenkt, auf die Sie dabei verzichten müssen. Und jeder kleinen materiellen Freiheit steht auf alle Fälle eine ganze Latte ebenso kleiner Unfreiheiten gegenüber. Listen Sie selbst einmal ein paar Menschen auf, von denen erkennbar Einfluss auf Ihr Denken und Handeln ausgeht, die Ihre Freiheit einschränken und denen Sie höchstens entgehen könnten, wenn Sie sich in einer abgelegenen Höhle verkriechen würden. Es kann eine lange Liste werden, wenn Sie alle Menschen erfassen, die in näherer Beziehung zu Ihnen stehen: Vorgesetzte, Kunden, Auftraggeber, Eltern, Kinder, Verwandte, Ehemänner, Ehefrauen, Freundinnen, Freunde, Schuldner, Kreditgeber, Hausverwalter, Nachbarn, Ihre Autowerkstatt, der TÜV, die Polizei, das Finanzamt, Ihr Steuerberater, der

Rechtsanwalt, Ihr Arzt, der Pastor, die Müllabfuhr, der Gasmann, Ihr Schäferhund, und so weiter, ad infinitum. Doch damit sind wir - leider - noch lange nicht am Ende mit den kleinen Unfreiheiten. Als Nächstes dürfen Sie sich eine zweite Liste mit Dingen und Zuständen ausdenken, die analog Ihre Handlungen beeinflussen. Das können Bücher sein, fällige Reparaturen in der Wohnung oder am Haus, gesundheitliche Probleme, eine Geschäftsreise, Kurse, die Sie besuchen, Ihre Religion, das Wetter, Ihr Garten, Geldangelegenheiten, Ihre Hobbies, Suchtprobleme, Heirat, Scheidung, Ihre Suche nach dem Sinn, Ihre Wünsche und Hoffnungen, Ihre Ängste vor diesem und jenem und so fort. Kurzum: Das Schicksal des Menschen ist in Kausalketten hinein verwoben, an deren Anfängen irgendwo in der Vergangenheit Entscheidungen stehen, die damals entweder freiwillig oder unter dem Druck von emotionalen oder materiellen Zwängen getroffen worden sind.

Nachdem es mir mit dem Vorgesagten beinahe gelungen ist, den dialektischen Freiheitsbegriff seiner mystischen Qualitäten zu berauben, können wir vielleicht daran gehen und überlegen, auf welche Weise Freiheit überhaupt möglich ist. Ich rede in der Folge von der inneren, der geistigen Freiheit, einer Freiheit, die ohne Schlagworte auskommt, die wahr ist und die die Grundlage allen Wandels einschließlich der Chancen zu materieller Unabhängigkeit ist. Diese besondere Freiheit zu beschreiben, ist gar nicht so leicht. Es gibt Ähnlichkeiten mit der Schwierigkeit zu erklären, was Gesundheit ist. Schreiben Sie spaßeshalber einmal auf ein Blatt Papier, was Gesundheit ist - Sie werden schnell inne, wie Sie ins Stocken geraten. Außer ein paar schwächlichen Adjektiven fällt Ihnen wenig ein, Sie neigen eher dazu, aufzuzählen, woran ein gesunder Mensch zu erkennen ist. Wie er Berge erklimmt, Marathon läuft, vierzehn Stunden ermüdungsfrei arbeitet, einen federnden Gang, einen klaren Blick hat und ein starkes Flair physischen Selbstvertrauens ausstrahlt. Alternativ könnten Sie versuchen, Gesundheit negativ zu definieren, indem Sie an Hand einer beliebigen Menge von Krankheiten aufzählen, was sie *nicht* ist. Analog kann ich schildern, wie ein freier Mensch empfindet, denkt und handelt und die Gründe auflisten, weshalb er sich frei fühlt. Aber eine solche verbale Beweisführung hilft einem Menschen nicht, der selbst bis zum Hals in einem bedingten, fremdbestimmten Leben steckt. Und der Vergleich von Freiheit und Gesundheit beginnt dort zu hinken, wo weitergehende Informationen gebraucht werden. Über Krankheiten gibt es meterweise Nachschlagewerke; dagegen gibt es für die im Alltag zum Teil wenig auffälligen Unfreiheiten - außer in der psychologischen Fachliteratur und bei den Philosophen - wenig Brauchbares. Ich möchte Ihnen ein Gefühl von Freiheit, von geistiger Autonomie vermitteln, und es gelingt mir vielleicht am ehesten, indem ich auf häufige menschliche Verhaltensmuster deute, die Freiheit verneinen oder einen Mangel an Freiheit signalisieren. Es wird manches anklingen, was in früheren Kapiteln schon behandelt wurde, aber die Wiederholung in anderem Zusammenhang ist hilfreich, weil bei der Behandlung des menschlichen Problems ein kybernetischer Regelkreis von verschiedenen Seiten aus und von unterschiedlichen Ausgangspunkten her betreten wird. So ist es unvermeidbar, dass wir etappenweise immer wieder bei einigen wenigen Grundaussagen landen.

Der von mir ansonsten sehr geschätzte Psychologe Erich Fromm, von dem etliche Zitate unter den Kapitelüberschriften stammen, hat bezüglich des Begriffes „Freiheit“ irgendwo den Satz geprägt, dass es nicht um die *Freiheit von irgendetwas* ginge, sondern um *Freiheit an sich*. Er mag damit Recht haben, aber ich kann so erhabene Feststellungen schlecht als Muster verwenden, wenn ich meinen Leserinnen und Lesern *realisierbare* Wege aus ihren diversen Bindungen weisen möchte - dazu sind so pompöse Sätze einfach zu abstrakt. *Für mich ist Freiheit in allererster Linie eine Geisteshaltung.* Am Anfang aller Unfreiheit stehen unsere falschen Grundannahmen über unsere Identität, über Gott, über unsere Position im Universum. Unfreiheit wurzelt in unserem dualen Denken und dem daraus resultierenden Handeln. Wir brauchen, um die Begrenzungen unseres geistigen Horizontes niederzureißen, ein neues Denkmodell, das nicht mehr auf den jahrtausendealten Fehlschlüssen basiert. Zum Beispiel das christliche Gebot, seinen Nächsten zu lieben, sieht auf den ersten Blick nach

Nachfolge und Gehorsam und nicht nach einem Mehr an Freiheit aus. Aber ein Stück von ihr ist im Aufgeben unseres Egoismus, im Überwinden unseres Mangels an Mitgefühl und Solidarität enthalten[20]. Wie immer die wahre Gestalt von Jesus einst beschaffen war, und selbst wenn man aus rationalen Gründen nicht an die Authentizität der Überlieferungen glaubt - den Botschaften der Liebe zu folgen, kann niemals falsch sein. Was im Innersten unsere westliche Kultur zusammenhält und uns erst wie zivilisierten Wesen ein Leben in relativer Sicherheit und Ordnung gewährleistet, ist doch genau die christliche Ethik mit ihren Grundregeln. Diese Gebote mögen von Jesus stammen oder von den Autoren der Evangelien verfasst worden sein - als Basis für ein harmonisches Zusammenleben sind sie angesichts der nach wie vor aktiven Rolle unseres Stammhirnes unbedingt notwendig und sinnvoll. Wenn ich mich der christlichen Ethik aus Furcht vor Strafe beuge, wenn ich ihr folge, weil man mich sonst zum Sünder stempelt und ich Buße tun und um Gnade bitten muss, ist in dieser Einstellung natürlich kein Fitzelchen Freiheit enthalten. Ich bin und bleibe der Gefangene meiner Ängste und Unsicherheiten. Wenn ich aber diese Grundregeln des Mitgefühls und der Solidarität mit der Menschheit, mit der ich enger verwachsen bin, als jemand ahnt, aus der Erkenntnis meiner Verantwortung heraus zum Eckstein meines Denkens und Handelns mache, bedeutet dies einen mächtigen Zuwachs an Freiheit und Selbstbestimmung. Mit der Bereitschaft, dieser Verpflichtung nachzukommen, die nicht Gott oder eine Organisation, sondern das Leben an mich stellt, ist mir der Schritt in eine Freiheit gelungen, die ich mir selber gebe.

*

Um noch einmal auf die Analogie von Freiheit und Gesundheit zurückzukommen: Ein kranker Mensch muss erst einmal merken, dass ihm etwas fehlt, bevor eine Diagnose seiner Befindnisse die Heilung einleitet. Niemand, der auf dem linken Bein hinkt, käme auf die Idee, krank zu sein, wenn der ganze Völkerstamm hinkt. Eine Gesellschaft, deren Mitglieder mehr oder weniger ähnliche Charakterzüge an den

Tag legen, wird nie kollektiv an die Bereinigung vorhandener Defizite an geistiger Freiheit herangehen. Manche unserer Unfreiheiten werden seitens der Staats- und Unternehmerautorität sogar als unerlässlich für den Fortbestand ihrer Führungsrolle angesehen. Als Individuen dürfen wir darum nicht warten, bis uns von oben jemand diese Freiheit schenkt - wir müssen sie uns nehmen! Ein Problem ist, dass diese geistig-emotionale Unfreiheit verdeckt wuchert. Sie fällt aus der kleinkarierten Mittelmäßigkeit der Masse nicht heraus, weil sie als normales Verhalten des Durchschnittsbürgers angesehen wird. Kaum jemand begreift, dass dieser Durchschnittsbürger eben *darum* auch durchschnittlich so unglücklich ist. Nun gibt es entgegen aller anderslautenden Verheißungen leider kein Patentrezept gegen fehlende Autonomie. Wie könnte unter diesen Umständen die Kur beschaffen sein, die dennoch einen Wandel erhoffen lässt? Die Antwort lautet: Wir müssen die Freiheitshemmer, die unser alltägliches Denken und Handeln determinieren, ans Tageslicht zerren und uns ihnen stellen. *Es ist die Betroffenheit über unsere Bedingtheit, über unsere schwächliche Integration ins Ganze und über die Einsicht, dass wir nichts dagegen tun können, weil wir so sind, wie wir sind, die in unserem Gehirn letztlich die Energien zur Veränderung freisetzt.*

*

Was ist am schwersten zu erreichen? - Dass man sich selber hinter die Schliche kommt.

Wilhelm Busch

Schon während der Kindheit, da unser Bewusstsein seine ersten Formen annimmt, beginnen wir eine Bildersammlung über uns anzulegen. In unserem Gedächtnis entsteht ein Fotoalbum, das alle wichtigen Eindrücke sammelt, die im Laufe des Heranwachsens die Bausteine unseres Selbstverständnisses bilden. Auf der weiten Strecke bis zum Ende der Individuationsphase sind wir einer Unzahl charakterbildender Einflüsse ausgesetzt. Von außen dringen positive und negative Urteile über uns ins Bewusstsein, wir empfangen Lob und Tadel, und aus den

Erfahrungen mit dem Echo, das unsere Lebensäußerungen bei den Menschen unserer Umwelt auslösen, organisiert sich in unserem Gehirn allmählich das Selbstporträt, mit dem wir uns identifizieren. Weil dieses gewachsene Bild von uns sehr viele fremd bestimmte Züge aufweist, und weil wir uns unter den kritischen Kommentaren unserer Mitmenschen leidend ein Ideal ersonnen haben, wie wir gerne wären, mischen wir einiges von diesem Idealbild in unser Selbstporträt hinein. Diese Mischung aus Wunsch und Erinnerung erleben wir fortan als Ich und tragen das Bild wie ein Gladiator seinen Schild vor uns her, sichtbar für jeden, der uns begegnet. Und wir wünschen uns, dass jeder, dem wir unser Selbstbildnis offenbaren, es akzeptiert, es ebenso sieht, wie wir und uns entsprechend behandelt. Im Gegenzug sind wir mit Einschränkungen bereit, auch das Bild, das andere uns über sich vermitteln, zu akzeptieren. Da nun dieser Prozess im Grunde von jedem Mitglied der Gesellschaft durchlebt wird, begegnen sich in unserer kleinen Welt genau besehen eigentlich gar keine Menschen - es sind ihre Schilder, ihre Bildersammlungen, die sich begegnen! Mit der Zeit wird unser Selbstbildnis durch die Reaktionen unserer Umwelt normalerweise bestätigt mit dem Resultat eines immer stabileren, aufgeblähteren Egos. Aber gelegentlich kratzt man auch an unserem Schild und weigert sich, das Spiel unserer Selbstdarstellung mitzuspielen. Dann sind wir gekränkt, unser Selbstvertrauen wankt und bei häufiger auftretender Zurückweisung korrigieren wir unsere Bildersammlung, meist mit dem Effekt, dass wir noch mehr Wunschbilder hineinmischen als ohnehin schon darin waren. So oder so wachsen wir mit uns als Hauptdarsteller in eine Rolle hinein, für die Fakt und Fiktion das Drehbuch geschrieben haben. Ein Schauspieler wechselt die Identität, wenn er die Bühne verlässt und wird wieder er selbst (mit der Einschränkung, dass dieses „er selbst" natürlich auch das Resultat seiner subjektiven Bildersammlung ist). Aber wir haben aus einer Mischung von Erinnerung und Wunschdenken eine Charakterrolle für uns gestrickt, die wir zu keiner Zeit ablegen können, wir müssen sie immer und unter allen Umständen beibehalten. Unsere emotionale Situation ließe sich mit einem Schauspieler vergleichen, dessen Einbildungskraft mit ihm durchgeht und der sich zivil immer noch für Othello oder Richard den Dritten hält.

Damit wird klar, weshalb „sich selbst hinter die Schliche kommen" so unerreichbar scheint. Wir wünschen uns Selbsterkenntnis, wir beobachten uns, betreiben Selbstanalyse, und wir wähnen, wir würden den echten Menschen sehen. Aber wir sehen ihn nicht - wir nehmen eine Bildersammlung unter die Lupe. Unsere Nabelschau verirrt sich in den Vorstellungen, die wir von dieser Person geschaffen haben, die unseren Namen trägt. Der Mensch hinter dieser Maske wäre durchaus auffindbar - wenn da nicht unsere Ängste wären. Die Sorge, dass im Eingeständnis etlicher Irrtümer über unser wirkliches Wesen ein Bruch entstehen könnte, der sich auch nach außen auswirkt, ist einer der Gründe, weshalb wir uns lieber hinter unserem selbst geschaffenen Image verstecken. Uns graut davor, den Menschen unseres Umfeldes unser wahres Gesicht zu zeigen - schlimm genug, wenn es uns ab und zu in unkontrollierten Momenten passiert, wo wir unter Alkohol oder im Zorn aus der Rolle fallen. Wobei diese Furcht das schwächste Argument gegen die Befreiung von unseren Illusionen über uns ist. Sie müssten schon mit Augenklappe, blauen Haaren oder einem Holzbein in der Öffentlichkeit auftreten, bis jemand überhaupt eine Veränderung an Ihnen bemerkt. Dies gilt auch für den stillen Wandel, mit dem sich der wirkliche Mensch in Ihnen nach außen offenbart. Solange Sie nicht direkt Reklame für den Typ machen, den Sie nach so vielen Jahren endlich in sich entdeckt haben, wird kaum ein Mensch die Veränderung registrieren. Sie fallen so gut wie nicht auf, wenn Sie endlich etwas für sich tun.

Ich kenne nur sehr wenige Menschen, die so mit sich leben, wie sie wirklich sind. Viele andere, von denen ich weiß, forschen nach ihrer Berufung, streben nach einer gewissen Vollkommenheit, Perfektion, ohne zu realisieren, dass ihre Lebensaufgabe sowieso die volle Entfaltung ihrer Möglichkeiten und ein erfülltes, befriedigendes Dasein wäre. Und es gibt kein Modell für Vollkommenheit. Der vollkommene Christ ist etwas anderes als der totale Sportler oder der begnadete Dichter. Sobald Ihnen ein Ideal vorgestellt wird mit der Aufforderung, ihm zu entsprechen, ist dies eine Aufforderung zur Unfreiheit. Die vorurteilsfreie Einsicht in die reale Wesensstruktur wird zwar einige Eigenheiten der Psyche ans Tageslicht fördern, die nicht unbedingt konform mit den Normen der Gesellschaft sind, aber auf der großen Linie, glaube ich, wird der Akt unbeeinflusster Selbsterkenntnis eine stattliche Reihe positiver Folgen haben. Ein Mensch, der gelernt hat, mit sich zu leben, wie er tatsächlich beschaffen ist, der alle Illusionen über sich eingestanden, durchschaut und verneint hat, ist authentisch - er ist echt geworden. Informationen über seine Schwachpunkte gelangen in der Originalfassung, unkorrigiert, ungeschönt, unverdünnt an die Schaltstellen seines Gehirns. Und von dort aus werden Energien lebendig, die er sich nie zugetraut hätte. Er wird künftig entschiedener, kritischer und weniger angepasst handeln. Wo er früher verzagte, zurücksteckte, wird er offensiv agieren und Niederlagen nicht mehr unbesehen seinem Mangel an Fähigkeiten zuschreiben. Im Gegenzug wird jemand, der als Konsequenz seiner neuen Authentizität überzogene Vorstellungen über sich zurücknimmt, seine Chancen künftig realistischer einschätzen und zusehen, dass er vorhandene Mängel einkalkuliert statt sie wie bisher durch Imponiergehabe zu übertönen.

Es gilt einzusehen, dass das Bild von uns noch nie gehandelt hat. Dieses Bild hat, seit wir denken können, noch niemals eine eigenständige Entscheidung gefällt, der Mensch, der von unserer Meinung über uns erzeugt wird, ist dieses ohnmächtige Wesen, das in mancher nächtlichen Stunde von Alpträumen heimgesucht wird. Darum müssen wir ganz bewusst und hellwach den Zugang zu unserem wirklichen Selbst aufschließen und zunächst einmal mit ihm auskommen, wie es eben gewachsen ist. Wir können aufhören, permanent etwas zu werden - man könnte es melodramatisch „vom Werden zum Sein“ nennen. Aber auch ohne große Worte sollte Ihnen klar sein, dass Sie Schadensbegrenzung üben, wenn Sie sich von Ihren Illusionen über sich trennen. *„Eigentlich bin ich ganz anders, aber ich komme nie dazu, so zu sein“*, sagte einmal Ödön von Horvath.

*

Was den Menschen unglücklich macht, sind die unbefriedigten Wünsche.

Claude Tiller

Die Außenwelt bewegt sich in immer schnellerem Tempo rings um uns her, es ist, als säßen wir auf einem Karussell, so verwischt ziehen die Millionen Eindrücke an unseren Sinnen vorbei. Wir sehnen uns nach Schönheit, aber wir sind unfähig, sie zu erleben, wenn sie uns begegnet. Wir übersehen sie, weil wir das Spektakuläre brauchen, um überhaupt noch das Leben zu spüren. Unsere Reizschwelle ist extrem hoch angelegt und unser Denken hat sich in eine unkontrollierbare Wunschmaschine verwandelt. Ganz gleich, womit wir momentan beschäftigt sind - unser Geist ist mit einer der diversen Varianten unseres Wünschens beschäftigt. Wir wollen etwas haben, wir wollen nichts haben, dafür etwas loswerden, wir korrigieren an geschehenen Ereignissen herum, an längst vergangenen Entscheidungen, wir bereuen, wir planen, wir hoffen, wir stimmen zu, wir lehnen ab, wir kritisieren und wir phantasieren - vor allem dies. Würde jemand aus diesem Wirrwarr begonnener und nie vollendeter Sätze ein Protokoll schreiben und es uns zu lesen geben, wir würden vorschlagen, der Verfasser wäre in einer geschlossenen Anstalt besser aufgehoben. Selbst wenn Sie erkennen, wie dieser Mechanismus Sie tyrannisiert - auf ihn verzichten wollen Sie trotzdem nicht, weil Sie das Gefühl haben, wenn Sie sich nicht dauernd etwas wünschen, würde das bedeuten, Sie bekämen auch nichts mehr. Und wenn Sie die gedankliche Aufarbeitung von Vergangenem stoppten, würden die Dinge unkontrolliert über Sie hereinbrechen. Unser Wollen wird noch verschlimmert durch den oft auftretenden Konflikt. Ein Teil von uns möchte jetzt eine Zigarette rauchen, der andere, besonnenere warnt vor Lungenkrebs und Herzinfarkt und rät ab. Oder wir essen gern und haben Gewichtsprobleme, weil wir nicht wissen, wann wir aufhören sollten. Der Gourmet in uns plädiert für Genuss, und der intelligentere Teil empfiehlt Mäßigung. Wir sind zerlegt in Teilpersönlichkeiten, die gegeneinander zum Kampf antreten, unser Geist ist zersplittert und hilflos, weil er kein Rezept findet, wie sich ohne negative Konsequenzen lustvoll leben ließe. Wie einst Diogenes mit einer Laterne durch die Stadt ging und einen ehrlichen Menschen suchte, so erginge es uns heute, wenn wir nach einem Menschen Ausschau hielten, der sich nichts anderes wünscht, als das, was er hat!

Der Fortschritt der Menschheit wird der Unzufriedenheit zugeschrieben. Aber ich meine, Fortschritt könnte auch aus einem Herzen voller Zufriedenheit heraus stattfinden, harmonischer und wohl auch verantwortlicher und überlegter. Ich verdächtige die ewigen Nörgler, dass sie sich den Fortschritt als Alibi für ihre innere Armut und ihr verödetes Gemüt aufs Panier geschrieben haben. Ihnen passt der Schrei nach dem Fortschritt ausgezeichnet ins hohle Konzept. Werfen wir einen Blick auf die Biotechnik: Es ist schlimm, was die Wissenschaftler zum Beispiel unseren alten Apfelsorten angetan haben. Die müssen beinahe noch mit Aromastoffen geimpft werden, damit sie wieder nach Apfel schmecken. Es ist, so wird behauptet, der Drang des Menschen zu immer Besserem, der ihn treibt, das Alte loszuwerden und es durch immer Neueres, Fortschrittlicheres zu ersetzen. Denken Sie an die Entschlüsselung des menschlichen Genoms. Hier betritt die ewig „unzufriedene“ Wissenschaft ein Gebiet, das unmittelbar in den schöpferischen Prozess eingreift. Neues, angeblich Besseres wird inzwischen im Übermaß geschaffen. Während ich dieses Buch auf einem PC mit 33 Mhz und einem Zentralspeicher von ca. 7 MB schreibe, erreichen die neuen Computer Geschwindigkeiten im Gigahertz-Bereich und die Festplatten fassen vierzig und noch mehr Megabytes an Daten. Durchbrüche auf wichtigen Gebieten mögen ihre Ursache in der Unzufriedenheit mit dem Bestehenden gehabt haben, sie mag *ein* Motiv sein, das den Fortschritt beflügelt. Aber viel stärker sehe ich die Beweggründe in Habgier und hundsgewöhnlichem Ehrgeiz. Und der wichtigste Verbündete dieses Ehrgeizes ist der Verbraucher selbst, der ewig nach dem neuesten Neuen giert und sich darum nicht beklagen sollte, wenn er mit Produkten versorgt wird, die er so nötig braucht wie ein gebrochenes Bein. Der Verlust an Qualität wird ihm mit dem Argument verkauft, dass dadurch die Massenproduktion rationeller würde, billiger, weniger lohnintensiv.

Der langen Rede kurzer Sinn: Manches, was wir für Lebensfreude halten, ist nur Lebensgier. Es braucht viel Einsicht in die eigenen Strebungen, um mit diesem endlosen Wünschen und Wollen aufzuhören. Wer diese Mechanismen durchschaut, wird künftig immer noch seine Visionen haben und ihnen folgen, aber es wird nicht mehr so zwanghaft, so leidend, so voller Gier und der Angst, seine Ziele zu verfehlen, geschehen. *In der Freiheit eines Geistes, der nicht mehr wollen muss, sind alle Optionen enthalten, das, was ihn glücklich macht, auch zu bekommen.*

*

Man findet sein eigenes Leben gleich viel schöner, wenn man aufhört, es mit dem Leben der Leute von nebenan zu vergleichen.

Altes Sprichwort

Ich kenne eine Dame, recht wohlhabend und mit einem gut eingerichteten, durchgestylten Haus. Eines Tages entdeckte sie im Haus ihrer Nachbarin einen Kronleuchter, größer, schöner und vor allem teurer als der ihre - und spontan war es um ihren Seelenfrieden geschehen. Ihr Mann musste quasi auf der Stelle mit ihr in die Kreisstadt fahren, wo sie sich leider vergeblich nach einem noch eindrucksvolleren Stück für die gute Stube umsah. Die Frau ruhte und rastete nicht. Die Suche nach einem Leuchter, bei dessen Anblick die Nachbarin, so hoffte sie, vor Neid in Ohnmacht fallen würde, wuchs sich zur Odyssee aus, bis man endlich in einer entfernten Großstadt das Monster fand, das den Salon infolge seiner Disproportionen gründlich verunstaltete. Die erwähnte Dame hat sich mehrfach ein Armutszeugnis ausgestellt. Erst einmal passte die Riesenlampe überhaupt nicht zum Rest der Räume, sie hing nur da, um damit anzugeben. Zum anderen hatte unsere Dame sich im Charakter ihrer Nachbarin gründlich verschätzt - der war es nämlich piepegal, was andere mit ihrem Haus anstellten, Hauptsache, das ihre war harmonisch eingerichtet. Die neidische Frau hatte zu ihrer eigenen hässlichen Reaktion hin noch den Fehler begangen, dass sie ihren missgünstigen Charakter auch der Nachbarin andichtete.

Mit dieser Story habe ich ein extremes Beispiel menschlicher Missgunst angeführt. Aber einmal Hand aufs Herz: Kommt uns diese Art Reaktion nicht bekannt vor, bei uns freilich in gemäßigter Form, aber dennoch bei bestimmten Anlässen garantiert auftretend? Es ist verständlich, dass die Erfolge anderer Leute und ihre Besitztümer gelegentlich das Verlangen in uns auslösen, ebensoviel oder möglichst noch mehr davon zu haben. Und fällt es uns im Allgemeinen nicht leichter, Menschen zu mögen, die weniger haben als wir oder höchstens gleich viel, wohingegen wir uns bei materiellem Übergewicht unseres Gegenübers mit Sympathien schwerer tun? Verrückterweise passieren uns diese aggressiven Reaktionen bei der Konfrontation mit großen Geistern selten. Begabten, hochintelligenten Zeitgenossen versuchen wir auf einer Ebene der Gleichgestelltheit zu begegnen, schließlich sieht man uns nicht ins Köpfchen - und unserer Meinung nach könnten wir in dieser Liga schon mithalten, wenn man uns nur öfter ließe. Vorbildern für neiderregende psychische Befindnisse begegnen wir zu selten, als dass sie im Sinne unserer Kritik ins Gewicht fielen. Wenn uns ab und zu eine Frohnatur über den Weg läuft, stellt sich bei genauerem Besehen leider oft genug heraus, dass es sich entweder um einen Träumer handelt, der anderen und vor allem sich selbst etwas vormacht oder um einen Blender, der ständig den glücklichen Menschen spielen muss und so seine innere Armut zu verbergen sucht.

Unser Glück und die Freude an Dingen, die in unserem Besitz eine Sonderstellung einnehmen, hängt vielfach am berühmten seidenen Faden, wenn wir entdecken müssen, um wieviel attraktiver, besser, wertvoller das Auto, der Garten, der CD-Player, die Couchgarnitur - oder die Geliebten anderer Leute in unserer Umgebung verglichen mit den unseren sind. Besitztümer, einschließlich Partnerschaften, die wir vor dem Einbruch von Neid in unser Gemütsleben durchaus als befriedigend erlebt haben, verlieren unversehens ihre Qualität. Gut, im Großen und Ganzen verdrängen wir das Gefühl leiser Enttäuschung, aber unter der Oberfläche gärt es weiter. Manchmal genügt ein winziger Anlass, ein Streit, eine leere Autobatterie, ein Riss im Sesselbezug, Sternruß auf der Kletterrose, und unsere Unzufriedenheit explodiert. Wir rationalisieren unseren Frust und erfinden fadenscheinige Vorwände, mit denen wir dringende Neuanschaffungen oder die Trennung von einem Lebenspartner rechtfertigen. Wo liegt die tiefere Ursache für diese Anfälle von Missgunst, Neid und letztlich Unzufriedenheit? Warum fliegt das Glück zum Fenster hinaus, sobald uns etwas Besseres, als wir selbst haben, vor die Sinne gerät? Ich halte fehlendes Selbstvertrauen für einen der häufigsten Auslöser derartiger Reaktionen. Solange Sie Ihr Selbstwertgefühl aus Ihrem Besitz und den Mitteln gewinnen, mit denen Sie sich nach außen darstellen, werden Sie ewig unter Konkurrenzdruck stehen. Im Miniaturformat gleicht es dem Wettrüsten der Supermächte. Es ist eine Art Wettbewerb der Selbstdarstellung nach außen, und es ist Angst, nicht mithalten zu können, die für die Abwertung des Eigenen mit verantwortlich ist. Bei Kindern ist das Syndrom des Mithaltenmüssens inzwischen zur Seuche geworden. Sie bedrängen die Eltern, ihnen den letzten Schrei an Designerjeans und die teuersten Joggingschuhe zu kaufen, weil die Kleinen sonst keinen Zugang zu den üblichen Cliquen bekommen und als Außenseiter sogar misshandelt werden. Leider sind die Älteren keinen Deut besser. Ich beobachte oft, wie junge Paare sich für den ersten Hausstand notorisch verschulden, weniger um eines kuscheligen Heimes willen - für diesen Zweck ließe sich manches vom Sperrmüll holen -, als aus dem Bedürfnis, eine Neid erweckende Wohnung vorzeigen zu können. Dafür leihen sie von der Bank Zehntausende und zahlen ein paar Jährchen daran ab. Das neue, fremd finanzierte, repräsentative Glück lockt seinerseits wieder andere Paare aufs Eis, schließlich will man mithalten oder, noch besser, übertrumpfen. (Ich habe schon Appartements erlebt, die zwar irre nobel waren, aber mich hätten keine zehn Pferde zum Wohnen da hineingebracht, nicht einmal für eine Woche. Durchgestylt, kühl, funktionell, grässlich ungemütlich und, falls die Form es fordert, obendrein noch unbequem. Sie sitzen als Gast mit steifem Kreuz auf dem Hocker ohne Lehne an der gekachelten Küchenbar; Vorbeugen geht nicht, weil Sie sich sonst den Kopf an den schicken kupfernen Pendelleuchten der Durchreiche anstoßen. Sie klammern sich mit beiden Beinen verkrampft am metallenen Tritt des Hockers fest und grübeln, wann endlich die Qual des Frühstücks zu Ende ist, zu dem Bekannte Sie liebenswürdig in ihr neues Heim eingeladen haben.

Der tragische Irrtum bei dem gesamten Wettbewerbstrubel ist, dass der erwünschte Effekt, nämlich größere Lebensqualität, ausbleibt. Ich muss begreifen, die Nachbarn, meine Freunde oder auch Fremde lieben mich nicht stärker, wenn ich mehr habe als sie oder wenn ich besser, geistig überlegener oder erfolgreicher bin. Dieser Zwang, aus unreflektierten Motiven das Rennen mitzulaufen, ist ein signifikantes Merkmal von Unfreiheit. Wir nehmen für uns das Prädikat „Individuum“ in Anspruch und wir beanspruchen Willensfreiheit, aber dieser Wille wird zum Nachahmen, zum Kopieren eingesetzt. Es ist längst kein freier Wille mehr, wenn wir uns durch das scheinbare Mehr der anderen einen Wettlauf aufzwingen lassen, den niemand gewinnen kann. Der Preis von Neid und Missgunst kann niemals Frieden, Selbstwert und Harmonie sein. Wer ohne diesen sinnlosen Konkurrenzkampf ums äußere Ansehen lebt, ruht in dem, was er *ist* und nicht mehr in dem, was er anderen vormachen muss. Ein Mensch, der die Grundannahme seiner vom schöpferischen Prinzip getrennten Identität aus praktischer Erfahrung als falsch entlarvt, hat Angeben und Vorzeigen nicht mehr nötig. *„Der kann's weit bringen in der Welt, der gar nicht fragt, ob er gefällt“*, schrieb der Dichter Gottfried Kinkel in einem seiner Gedichte.

*

Beginne nicht mit einem großen Vorsatz, sondern mit einer kleinen Tat.

Voksweisheit

Wir sind allezeit bereit, großartige Beschlüsse zu fassen: am Beginn eines neuen Lebensjahres, zu Sylvester oder zu beliebigen Anlässen - wenn wir wieder einmal Ärger mit der monatelang rückständigen Buchhaltung hatten, wir am frühen Morgen in der Mundhöhle schalen Tabak schmeckten oder der Kopf vom jüngsten Kater dröhnte, wenn uns die Reue über den Zornausbruch auf die Vorhaltungen unseres Lebenspartners überfiel oder uns eine durch eigene Lethargie verschuldete Geldkrise überschwemmte. Weil hinterher wenig Besserung herauskam, scheint der Verdacht berechtigt, dass das Vorhandensein eines freien Willens vorwiegend durch diverse Beschlussfassungen dokumentiert wird, bedeutend seltener durch Taten und noch seltener durch erfolgreich abgeschlossene Aktionen. Unsere Reaktion auf die Herausforderungen des Lebens erschöpft sich regelmäßig in einer Anzahl heftiger geistiger Auseinandersetzungen mit der Materie, unter Geburtswehen bringt unser Denken imposante Konzepte zur Lösung zur Welt. Unsere Vorsätze dürfen getrost heroisch, bombastisch bis - nüchtern besehen - unrealisierbar sein. Im tiefsten Herzensgrund, dort, wo unsere verborgenen Motive wohnen, ahnen wir, wieviel Einfluss unsere Umwelt auf das Gelingen unserer Pläne hat und wie sehr wir auf ihre Kooperation angewiesen sind. Insgeheim fehlt unseren Beschlüssen der Biss, um sie ernsthaft in die Tat umzusetzen. In Gedanken übernehmen wir uns und sind die Sieger, ehe noch der erste Handgriff zum Gelingen getan ist. In vielen Belangen unserer Existenz verhalten wir uns wie ein romantischer Jüngling, der seiner heimlich Angebeteten gerne die entscheidende Frage stellen möchte und sich in seinen Wachträumen ihre beglückenden Reaktionen ausmalt. Aber aus Sorge, enttäuscht zu werden, schiebt er die entscheidende Tat vor sich her. Lieber träumt er vom künftigen Glück, als dass er sich dem Leben stellt und riskiert, von dorther ein lautes Nein zu hören.

Ein Manager, der seinen Konzern auf Grund gesetzt hat, tritt anschließend nicht etwa auf der Stelle zurück oder stürzt sich anstandshalber ins Schwert – nein, er kündigt eine Erklärung an. Politiker aller Couleurs haben die Kunst, Nichttatsachen für Tatsachen auszugeben, inzwischen zur Perfektion entwickelt. Sie geben nicht etwa Stellungnahmen zu brennenden Problemen ab, sie kündigen an, an welchem künftigen Tag sie Stellung dazu nehmen werden. Als typische Menschen unserer Zeit akzeptieren wir aus Gewohnheit große Versprechungen. Wir sind des Wartens auf die den Ankündigungen folgenden Taten Leid geworden und oft genug vergessen wir, dass überhaupt jemand Gelöbnisse abgegeben hat. Unser eigener Daueraufenthalt in der Welt der Ideen und Konzepte erspart uns zwar die Konfrontation mit der Realität, aber er verhindert auch die meiste Zeit, dass uns die Täuschungsmanöver der anderen noch auffielen. In seinem Buch *Die kindliche Gesellschaft* hat Robert Bly[21] Kierkegaard zitierend unsere peinliche Unfähigkeit, Versprechungen von Taten zu unterscheiden, glossiert:

> *Kierkegaard hat einmal versucht, Aussagen über die Gesellschaft der Zukunft zu machen, und hat dafür folgendes Gleichnis gefunden:*
>
> *Die Leute werden bald ein Schild aufstellen, auf dem geschrieben steht:*
>
> *Heute Abend wird Johann Erik auf dünner Eisdecke mitten auf dem See Schlittschuh fahren. Das ist sehr gefährlich. Kommen und schauen Sie selbst. Jeder kommt, und tatsächlich fährt dann Johann Erik ein paar Zoll vom Ufer entfernt Schlittschuh. Die Leute aber sagen:*
>
> *„Schaut euch das an. Er fährt auf dünnem Eis mitten auf dem See!"*

Als wir vor Jahren zwecks Umzugs unser Haus zum Verkauf angeboten haben, hatten wir Gelegenheit, unmittelbar am lebenden Objekt Fälle vom „kreißenden Berg, der ein Mäuslein gebar" zu studieren. Ein Ehepaar kam, sah und verliebte sich in das Haus. Sie erschienen binnen eines Monats mehrmals bei uns und jedes Mal brachten sie exzessivere Umbaupläne mit. Wände wurden eingerissen, eine Wohnhalle, über zwei Geschosse gehend, mit Galerie, wurde geplant, sogar der Einbau eines Liftes tauchte in ihren Fantasien auf. Die Besuche beendete eines Tages abrupt eine knappe Faxmitteilung, dass der aufwändige Umbau zu teuer käme und sie deshalb bedauerten, usw. Ein anderes Paar erklärte, man sei seit vier Jahren auf der Suche nach einem Anwesen. Während dieser Zeit hatten die Immobilienpreise in unserer Region kräftig angezogen und sie klagten, sie könnten sich weiter steigende Preise bald nicht mehr leisten. Aber gekauft haben die Leute trotzdem nicht, obgleich unser Haus ihnen laut eigener Aussage gut gefallen hatte. Bei diesem letzteren Paar und bei einigen anderen Interessenten hatte ich so eine Ahnung, dass es ihnen in letzter Konsequenz nicht wirklich um künftigen Immobilienbesitz ging - vielmehr spielten sie ein Spiel, und das Spiel hieß: „Wir kaufen uns ein Häuschen." Lässt man den Zeitaufwand und enttäuschte Erwartungen des Anbieters einmal beiseite, mag Monopoly live als Ferienhobby ganz in Ordnung sein und den Betreibern ihren Lustgewinn vermitteln. Aber nicht nur die beschriebenen Spieler, auch jeder andere Mensch, der sich durch andauerndes Pläneschmieden und Zurückschrecken vor der Tat in eine chronische Entscheidungsschwäche hineingelebt hat, spielt ein gefährliches Spiel, das direkte, negative Auswirkungen auf die Zellverbände seines Gehirns hat. Die mit diesen kontinuierlich nicht vollstreckten Entscheidungen kooperierenden Synapsen verdichten sich zu immer voluminöseren Nervenbahnen, während jene Verknüpfungen, mit denen die Betroffenen entscheiden und handeln gelernt haben, mangels Benutzung mehr und mehr verkümmern. Auf Krisen reagieren sie roboterhaft mit immer ausgefeilteren, drastischeren Plänen, aber der Tat weichen sie nach Möglichkeit aus. Wer aus welchen Gründen immer mit großen Vorsätzen umgeht, sollte wissen, dass exakt diese Geisteshaltung das Auftreten der Tendenzen zum Wachstum in unseren Gehirnen ausbremst. Wir dürfen uns dessen ungeachtet weiterhin unsere Wünsche und Visionen leisten, sie schaden niemandem, solange er sie nicht mit der Realität verwechselt oder seine Träume zum Ersatz für ein gelungenes Leben macht. *Wir sollten lernen, dass die kleine, spontane Tat die Würze des Glücks ausmacht, und in ihrer Summe sind es eben diese kleinen Taten, die oft unscheinbaren Ausschläge produktiven Tätigseins, die letztlich Freiheit und Wohlsein bewirken.*

*

Ein Teil unserer Probleme mit der Freiheit hat seine Wurzeln in grauer Vorzeit. Es gibt sie nicht erst seit einigen Jahrzehnten - wir müssen zur Ursachenforschung weit in der Zeit zurückgreifen, im Grunde dort ansetzen, wo das erste Lebewesen an Land gestiegen ist, weil ihm Beine gewachsen waren. Das nun Folgende ist eine Art pseudowissenschaftlicher Betrachtung, sie erhebt keinen Anspruch, etwaige anderslautende Theorien zu widerlegen. Was ich hier von mir gebe, sind Phänomene, die Sie ebenso gut wie jedes beliebige andere Mitglied unserer westlichen Gesellschaft beobachten und daraus Ihre

Schlussfolgerungen ziehen können. Der Stoff ist notgedrungen ein wenig trocken und ich verüble es keiner Leserin, keinem Leser, wenn sie quer darüber hinweglesen. Die Kenntnis seines Inhaltes ist für das Verständnis der vorangegangenen Texte auch nicht unbedingt wichtig.

Wussten Sie, dass der kleine Mensch im Mutterleib nach der Zeugung eine Entwicklung durchmacht, die im Zeitraffer exakt jenem Jahrmillionen dauernden Mutationsprozess entspricht, der aus dem molchartigen Gebilde den Homo Sapiens geschaffen hat? Der winzige, nur wenige Tage alte Fötus gleicht dem Embryo eines Herings oder einer Maus aufs Haar. Erst die folgenden Wochen bringen den entscheidenden Wandel: Die Gene beginnen aus dem urtümlichen Gebilde den Menschen zu formen. Bei der Evolution des menschlichen Geistes, bei dem Jahrtausende währenden Weg vom Bewusstsein des Primaten bis zum Überschreiten der Schwelle, da er sich seiner als eines Individuums bewusst geworden ist, gibt es zur Physis die Analogie: Wie die Mutation des kaulquappenähnlichen Fötus zum fertigen Baby macht jeder kleine Mensch zwischen Geburt und Pubertät im Zeitraffer auch den geistigen Reifungsprozess der Menschheit durch. Am Individuum wiederholt sich, was die Evolution allmählich im Gehirn der menschlichen Rasse bewirkt hat. Im Alter zwischen zehn und vierzehn Jahren hat sich in uns das Bewusstsein unserer Individualität zu seiner vollen Stärke ausgebildet. Der Psychologe C.G. Jung hat es *Individuation* genannt und diese Bezeichnung ist ins Vokabular der Psychologie eingegangen als Begriff für die fertige Ausbildung des individuellen Selbst und den Abschluss der Kindheit. Diese wenigen entscheidenden Jahre in unserer Persönlichkeitsentwicklung sind eine Replik des evolutionären Prozesses, in dem der Mensch sein Selbst entdeckt hat und aus der Einheit mit seiner Welt herausgetreten ist. Jeder von uns hat diese Phase des Abschieds von der Kindheit erlebt, in der sich unsere Persönlichkeit geformt hat und uns unsere eigenen Wesensstrukturen bewusst geworden sind.

Leider hat es in der historischen Entwicklung von Geist und Bewusstsein irgendwo auf der Strecke zwischen Tertiär[22] und Quartär im alten Europa einen Bruch gegeben, einen unterlassenen Schritt in die Freiheit. Dieser Bruch wirkt in unserer Gesellschaft bis auf den heutigen Tag ins Schicksal jedes jungen Menschen hinein und er muss auf die eine oder andere Weise damit fertig werden. Damals haben unsere Urvorfahren ungewollt und ohne Einsicht in seine weitreichenden Konsequenzen einen Fehler begangen, unter dem wir heute noch zu leiden haben. Ich möchte behaupten, dass jene Ereignisse aus grauer Vorzeit bis in unsere Tage hinein die menschlichen Geschicke beeinflussen. Und in jenen Vorgängen verbirgt sich auch eine der Antworten auf unsere Probleme mit dem Glück.

Wahrscheinlich ist es zu Beginn der Jungsteinzeit passiert. Es war die Phase des Umbruchs von der mutterrechtlichen Stammesverfassung, dem Matriarchat, zum bis in unsere Tage hinein noch wirksamen Patriarchat. Die ersten Ansätze von Handel und beruflich betriebenem Handwerk ergänzten Jagd und Ackerbau. Die Mitglieder der Stämme oder großen Sippen folgten lieber der Autorität von Schamanen und selbsternannten oder auch gewählten Anführern. Sie untergruben damit die bisherige Vorrangstellung der Frau; das segensreiche weibliche Primat wurde von einem autoritären und in der Folge zunehmend kriegerischen männlichen Führungsmodell abgelöst. Etwa zeitgleich fiel dieser Wechsel mit der Gründung größerer, stadtähnlicher Ansiedlungen zusammen. Wo der Mensch zuvor stark mit seiner Sippe und den tonangebenden Frauen verbunden und sich seiner als Individuum nur vage bewusst war, geriet er durch den Eintritt in größere Lebensgemeinschaften in seine wahrscheinlich erste Identitätskrise. Er gewann durch die Loslösung von der weiblichen Autorität und die Integration seiner Sippe in eine Siedlungsgesellschaft mehr subjektive Freiheit, und er wurde sich intensiver seiner selbst als eines autonomen Individuums bewusst. Er begann, sich als willensaktives Wesen zu erleben und sich in den Bewegungen seines erwachenden Denkens von den anderen Stammesmitgliedern abzusondern. Es bildete sich die Vorstellung von einem von allen anderen Erscheinungen isolierten Selbst[23] und verbunden mit dieser evolutionären Individuation des Menschengeschlechtes zog die Furcht vor dem Alleinsein, vor dem

Auf-sich-selbstgestellt-Sein, vor Verantwortlichkeit und Führungslosigkeit ein. In diesem Orientierungsvakuum offerierten sich die neuen Machtstrukturen der Stadtstaaten als Halt und Mittel zur Stabilisierung der neu entdeckten Identität. Synchron hat in jener Zeit der durch die Verantwortung der Freiheit geschockte, verunsicherte Mensch den Vorteil seiner Abnabelung von der Hierarchie des Matriarchats verschenkt, indem er, statt den Sprung in die Autonomie zu riskieren, neue Autoritäten suchte, fand und sich ihnen unterwarf. Um des Preises einer trügerischen Sicherheit willen hat er seine gerade erst entdeckte Freiheit verspielt. Seine Individuation hat ihm anstelle umfassender Freiheit nichts als Desintegration und neue Herren über sein Schicksal eingebracht.

Bis in unsere Gegenwart hinein durchlebt jede Kindheit in der westlichen Gesellschaft das Muster dieser kollektiven Individuation des Menschen. In der Spanne zwischen zehn und vierzehn Jahren werden wir uns vollends unserer selbst als Persönlichkeit bewusst, unsere Charakterstruktur wächst in die endgültige Form hinein und in unserer Großhirnrinde vollzieht sich noch einmal ein wichtiger, abschließender Entwicklungsschritt zum fertigen Menschen. In dieser Phase löst ein psychisch gesunder Jugendlicher normalerweise seine primären, aus der Abhängigkeit geborenen Bindungen an die Eltern und andere Bezugspersonen der Kindheit, freilich ohne die gewachsenen Beziehungen abzubrechen. Ihm müsste nun die Stunde schlagen für den Schritt in die Freiheit - doch jetzt wiederholt sich bei ihm das evolutionäre Drama der verspielten Chancen. Sobald er die emotionale Nabelschnur zu den Eltern durchtrennt hat, ersetzt er die kindlichen Bindungen durch andere. Das Intervall zwischen den aufgegebenen frühen Bindungen und neuen von anderer, aber nicht minder unfreier Art ist sehr kurz. Es ist die Spanne, in der der Mensch der Steinzeit zur Freiheit seiner neu entdeckten Individualität Stellung nehmen musste und versagt hat. Auch wir haben das durch das Herauswachsen entstandene Vakuum nur schlecht vertragen. Wohl haben wir rebelliert, lauthals oder mittels passiver Resistenz alle Autorität abgelehnt, nach der wir uns aber nach wie vor unbewusst so dringlich sehnten. Wie ferngelenkt machten wir uns damals auf die Suche nach neuen Leitbildern, die uns Halt geben und uns von der Verantwortung für das eigene Leben entbinden sollten. Wir wuchsen in die Mentalität eines Gehorsams hinein, den wir gerade abgelegt zu haben wähnten, nur handelte es sich diesmal nicht wie in der Kindheit um liebevolle Eltern, denen unser Wohlergehen am Herzen lag und die Gehorsam forderten, um uns auf eine glücklichere Zukunft vorzubereiten - es waren von Menschen in wirtschaftlichen oder ideellen Machtpositionen repräsentierte Wirkkräfte, die es auf unsere Mitarbeit zur Realisierung ihrer eigenen, selbstsüchtigen Interessen abgesehen hatten. Ehe wir den herben Hauch der Freiheit nur verspürt hatten, waren wir in neue Fallen der Gebundenheit getappt. Heute kultivieren wir Überzeugungen, die wir akzeptieren, weil sie die anderen auch haben. Wir haben bei unseren ersten Gehversuchen in der Jugendzeit die Verantwortung und Einsamkeit gespürt, die mit Freiheit verbunden ist. Statt uns allen neuen Bindungen und Einflüssen zu verweigern, plagte uns die Sorge, zum Außenseiter zu werden, wenn wir zu kraftvoll aus der allgemeinen Konformität ausscherten. Schließlich wollten wir endlich eigenes Geld verdienen, Karriere machen und möglichst beliebt bei unseren Altersgenossen und Mitmenschen sein. Wir haben uns an den Zeitströmungen auch im Freizeitbereich bis hin zu den gängigen Modellen der Partnerbeziehung orientiert und sind mehr oder weniger blindlings in die weit geöffneten Fallen weltanschaulicher oder religiöser Wertmodelle marschiert.

Ein Mensch, in dessen Selbst am Ende der Individuation ein Defizit an Freiheit zurückgeblieben ist, wird im Erwachsenenalter Fremdbestimmung noch immer als unvermeidbar und lebensnotwendig akzeptieren; er wird weiter im Wahn leben, sein Lebensglück wäre nur gesichert, wenn er Vorbildern und deren Regeln folgt, und er wird in seiner psychischen Situation ohne einen als gesellschaftskonform anerkannten Lebensstil nicht zurechtkommen.

*

Die weiter oben angeführten, auf alte Sprichwörter bezogenen Beispiele sind logischerweise nur die Spitze eines Eisberges, unter dessen Oberfläche sich noch eine Menge weiterer Möglichkeiten eines Handelns und Denkens befinden, mit denen Freiheit verhindert wird. Sie alle aufzuzählen und zu kommentieren würde ein mehrbändiges Werk ergeben. Darum belasse ich es fürs Erste bei den niedergeschriebenen Beispielen, es sind Muster, aus denen Sie, sich selbst beobachtend, Ihre individuellen Unfreiheiten ableiten können. Diese Selbstbetrachtung ist nicht schwierig, sofern sie ehrlich erfolgt - wie bei der Psychoanalyse ist dabei freilich wichtig, dass Sie Widerstände gegen unangenehme Einsichten entweder gar nicht erst aufkommen lassen oder sie bei ihrem Auftreten erkennen und aufgeben. Es gilt Abschied von der irrationalen Überzeugung zu nehmen, nach der Wirklichkeit immer nur das ist, was sich in unseren eigenen Gefühlen und Gedanken abspielt. *Erleben Sie, zu welcher Stärke Sie fähig sind, wenn Sie furchtlos und ohne Ausweichmanöver auf den tatsächlichen Zustand Ihrer Existenz einschließlich Ihres sorgenbeladenen Innenlebens blicken.*

Wenn nun der Heranwachsende merkt, dass es ihm bestimmt ist, immer ein Kind zu bleiben, dass er des Schutzes gegen fremde Übermächte nie entbehren kann, verleiht er diesen die Züge der Vatergestalt, er schafft sich die Götter, vor denen er sich fürchtet, die er zu gewinnen sucht und denen er doch seinen Schutz überträgt. So ist das Motiv der Vatersehnsucht identisch mit dem Bedürfnis nach Schutz gegen die Folgen der menschlichen Ohnmacht; die Abwehr der kindlichen Hilflosigkeit ver leiht der Reaktion auf die Hiflosigkeit, die der Erwachsene anerkennen muss, eben der Religionsbildung, ihre charakteristischen Züge.

Sigmund Freud[24]

9. Kapitel

Gefühl, Liebe und Beziehung

„Liebe" ist eine Abstraktion; vielleicht eine Göttin oder ein fremdes Wesen. In Wirklichkeit gibt es nur den Akt des Liebens. Lieben ist ein produktives Tätigsein. Es impliziert für jemanden oder etwas zu sorgen, ihn zu kennen, auf ihn einzugehen, ihn, es zu bestätigen, sich an ihm zu erfreuen, sei es ein Mensch, ein Baum, ein Bild, eine Idee. Es bedeutet, ihn, sie, es zum Leben zu erwecken, ihre Lebendigkeit zu steigern. Es ist ein Prozess, der einen erneuert und wachsen lässt.

Erich Fromm[25]

In unserer Gesellschaft ist *Liebe* noch vor *Freiheit* wahrscheinlich das wichtigste, bedeutsamste - und leider das auch am häufigsten missbrauchte Wort. Aber was ist sie, die berühmte Liebe? Unsere Sprache fächert *Liebe* nach Betreiber und Einsatzgebiet sortiert auf: Gottesliebe, Menschenliebe, Gattenliebe, Mutterliebe, Vaterliebe, Kinderliebe, Vaterlandsliebe, Tierliebe und so fort. Aber keines dieser Schlagworte sagt damit präzise aus, *wer* liebt und wer oder was geliebt wird, geschweige, was Liebe ist. Ist Gottesliebe nun die Liebe, die ich mir von einer Vatergestalt droben im Himmel erhoffe, oder ist es meine Liebe zu Gott oder soll Gottesliebe beides ausdrücken? Also Zuneigung auf Gegenseitigkeit, wie: Ich liebe Tiere, weil Tiere *mich* lieben und nicht meine Gefühle verraten, wie ich es von etlichen Menschen erfahren habe. Oder sind die verbalen Spielarten der Liebe alles nur Etiketten für etwas, das wir eigentlich so wenig in einem einzigen knappen Satz definieren können, wie die im vorigen Kapitel besprochene Freiheit? Beginnt Ihnen etwas aufzufallen? Sobald wir ein für uns Menschen wichtiges Wort unter die Lupe nehmen, sind wir unversehens mit der Schwierigkeit konfrontiert, dass uns die Worte fehlen, es verständlich zu erklären. Während der Niederschrift der Notizen für dieses Kapitel über die Liebe erging es mir ähnlich: Der Kopf steckt voller Ideen, was zu sagen wäre. Dann schreibe ich fast im Strom des Unbewussten, tauche ein ins Thema, verbalisiere, was zu sagen mir am Herzen liegt - und hinterher, beim Nachlesen des Textes, muss ich mich fragen, wo denn diese fundamentale Aussage abgeblieben ist, die mir vorhin noch so klar vor Augen stand. Bedauernd muss ich feststellen, dass mir die Kernaussage irgendwo auf dem Weg zwischen dem Hirn und den Fingern, die die Tasten bedienten, abhanden gekommen ist. Und ich rätsle herum, weshalb es immer wieder passiert, dass so mancher geistige Höhenflug sich an der Peripherie des Themas kreisend im Nichts verliert. Ich war zu weitschweifig, habe mich dem Kern genähert und verbal wieder von ihm entfernt, ohne ein einziges Mal den Punkt zu treffen. Es ist gar nicht so einfach, eine Aussage knapp und dennoch verständlich zu halten, insbesondere bei einem Thema wie der Liebe - sie lässt sich leider nicht mit ein paar Kernsätzen fassen. Die in ihrem Kontext stehenden Phänomene wie Gefühl, Glück, Partnerschaft und nicht zuletzt Aussagen über die Auswirkung des Narzissmus dürfen nicht ausgeklammert werden.

Ist Liebe nur ein Gefühl wie jedes andere, wie Zorn, Freude, Angst, Trauer, oder ist sie mehr? Ist sie eine Tätigkeit, wenn ich sage, ich liebe? Ist Liebe etwas, das man macht, wie *Liebe machen* als Synonym für den Coitus? Oder ist sie etwas völlig anderes, etwas, dessen Wurzeln in vor-menschliche Stufen zurückreichen und bis auf den heutigen Tag unser Leben ebenso bereichern wie sie es komplizieren? Etwas, das trotz unserer Überheblichkeit, mit der wir uns für die Krone der Schöpfung ausgeben, auch von anderen Lebewesen gespürt wird? Die Fähigkeit zu lieben ist im Menschen angelegt. Sie ist ein Element der Tendenzen zum Wachstum und zum Glück. Liebe in ihrer puren, nicht personalen Form ist eine der Grundsubstanzen des Schöpfungsvorganges, des Seins. Es kann sein, dass ein Felsblock, ein Stern, eine Pflanze über ein ähnliches Basisbewusstsein des Stattfindens wie der Mensch verfügt und ebenso wie dieser Anlagen zum Lieben besitzt. Diese universale Liebe bildet denn auch den Stoff, aus dem Mitgefühl und jede Art von Zuneigung gemacht sind.

Lassen Sie mich noch einmal zwei Sätze von Erich Fromm wiederholen: *„In Wirklichkeit gibt es nur den Akt des Liebens. Lieben ist ein produktives Tätigsein. Es impliziert für jemanden oder etwas zu sorgen, ihn zu kennen, auf ihn einzugehen, ihn, es zu bestätigen, sich an ihm zu erfreuen, sei es ein Mensch, ein Baum, ein Bild, eine Idee.“* In seinem Buch „Die Kunst des Liebens“ zieht sich diese fundamentale Aussage wie ein roter Faden durch das gesamte Werk. Ich habe es 1980 gelesen und bis dahin war es als Taschenbuch schon zwei Millionen Mal verkauft worden - ein Signal für die gewaltige Sehnsucht des Menschen nach Einsichten über den Umgang mit der Liebe. Erinnern Sie sich an die Geschichte von dem Virus, der mit der Botschaft „I love you“ weltweit in die Computer von Internetbenutzern eingeschleust wurde und das ganze System lahmlegte. Behörden, Unternehmen einschließlich Banken und Ministerien waren ebenso betroffen wie private Surfer. Es wurde gewarnt, die Mailpost nicht zu öffnen, weil damit sofort der Virus einzog. Trotzdem gab es tagelang Meldungen über Computerpannen, die am Ende Schaden in Milliardenhöhe angerichtet haben. Ich glaube, dieser Virus war nur deshalb so erfolgreich, weil dieses Zauberwort „I love you“ eine menschliche Grundsehnsucht berührt hat, der selbst nüchterne Staatsanwälte und hartgesottene Abteilungsleiter nicht widerstehen konnten. Wir alle scheinen ein bisschen unter einem Defizit an angebotener Zuneigung zu leiden, sodass wir auf die simpelste Annäherung bereits positiv reagieren. Liebe drückt sich unbedingt in Tätigsein aus; ohne unsere aus liebevollem Interesse geborenen Handlungen wäre sie statisch, passiv, wenig mehr als ein Wort aus fünf Buchstaben. Aber dessenungeachtet ist Liebe für mich auch ein Gefühl. Alles Tätigsein aus dem Geist der Liebe kommt ohne dieses Gefühl als Grundlage nicht aus. Gefühl und Tun hängen untrennbar zusammen.

Liebe hängt auch mit Glück zusammen und Glück braucht, wie zum Beispiel Freude, Trauer oder Sehnsucht, einen Auslöser. Es sind

Gefühle, die in Situationen oder bei sich erinnernden Gedanken aus dem Nichts hervorbrechen. Richtig gefühlt, würden sie wie der Ton einer Glocke zu ihrem Höhepunkt emporsteigen, langsam ausklingen und wieder ins Nichts entschwinden. Wohl gemerkt: richtig gefühlt - aber, wie noch zu belegen ist, haben wir Menschen des neuen Jahrtausends längst den rechten Umgang mit Gefühlen verlernt. Im Reigen unserer subjektiven Gefühle verhält Liebe sich wie alle anderen: Sie tritt anlassbezogen auf, erblüht und schwebt wieder dahin. *Doch unterhalb unserer Bewusstseinsschwelle wohnt noch eine andere Qualität der Liebe als kontinuierliche, mächtige Dimension des Seins.* Sie ist immer da, aber weil sie sich nicht verändert, weil sie sich im Gegensatz zum Gleichnis mit der Glocke wie ein Dauerton verhält, haben wir Schwierigkeiten, sie überhaupt zu bemerken. Wenn Ihnen jemand die Hand auf die Schulter legt, spüren Sie die Berührung. Bleibt die Hand für eine Weile dort, merken Sie immer weniger davon. Und würde - theoretisch - die Hand für immer an Ihrer Schulter bleiben, verlören Sie bald jedes Gespür dafür. Wo immer etwas gleichmäßig fortbesteht, hört es früher oder später, meistens früher auf, von uns wahrgenommen zu werden. Darum ist der verständliche Wunsch, glücklich zu werden und es für immer zu bleiben so töricht. Die Aussicht, auf Dauer, ohne Unterbrechungen glücklich zu sein, klingt verlockend, aber die Hoffnung auf einen scheinbar paradiesischen Zustand ist bei unserer Geistesverfassung unerfüllbar. Dieser kollektive Wunsch nach Glück als Dauerton verdankt sein Fortbestehen einzig der Ignoranz gegenüber den Zyklen des Lebens. Die Chinesen haben vor Jahrtausenden das Gleichnis vom zu- und abnehmenden Mond als Symbol für die Schwankungen froher und trauriger Tage gefunden, sie nannten es das Yin und Yang-Prinzip. Es ist auch schwer zu verstehen, dass Glücklichsein, die Freude über eine harmonische Liebesbeziehung, über Erfolg, Besitz oder endlich eingetretene, lange erkämpfte Ereignisse nur dann positiv von uns erlebt werden, wenn sie von Phasen des Unerfülltseins, der Leere, des Mangels und sogar des Unglücklichseins unterbrochen werden. Schenken Sie einem Kind, dessen Glücksvorstellung in einem Zoobesuch gipfelt, eine Jahreskarte. So oft es seine Zeit erlaubt, wird es zu Anfang Gebrauch davon machen. Aber ziemlich bald wird das Interesse nachlassen, weil der Pegel des Glückserlebens sich senkt und die Freude für das einst Besondere verflacht. Bald wird das Kind nach neuen Reizen Ausschau halten und neue Forderungen auf Lustgewinn stellen. Würde uns eine Garantie gegeben, dass alle unsere Wünsche sich allezeit erfüllen, wäre dies eine Strafe für uns. Wir würden uns garantiert bei den Dingen, die uns bisher unerreichbar und wahrscheinlich nur darum so begehrenswert erschienen waren, übernehmen. Mit dem Ergebnis, dass wir demnächst nichts mehr hätten, das sich für uns zu wünschen lohnte. Je mehr jemand bekommt, desto mehr will er. Die Reizschwelle wird immer unerreichbarer, die Latte, an der er Glückserfahrungen misst, muss wie beim Rekordversuch im Stabhochsprung immer höher gehängt werden. Sobald positives Erleben zum Dauerton wird, braucht es immer größere Mengen lustvoller Reize, nur um den vorhandenen Pegelstand der Gefühle zu stabilisieren.

Auch ohne eine Fee, deren Zauberstab nonstop Wünsche wahr werden lässt, beklagen sich viele Menschen, dass sie sich für nichts mehr richtig begeistern können. Selbst bei gelungenen Plänen, in der Geborgenheit harmonischer Partnerschaften, kommen nur noch schwächliche Gefühle auf, die Ausschläge ihrer Freuden verlaufen so flach, dass sie für das emotionale Wohlbefinden kaum noch eine Rolle spielen. Mancher mag sich zuweilen an die heftigen, spontanen Gefühle der Kindheit erinnern und sich fragen, wo denn in der Vergangenheit seine Gefühle angefangen haben, auf Sparflamme zu brennen. Bereits zu Beginn der Individuationsphase, also um das zehnte Lebensjahr herum, hat ein Heranwachsender gelernt, wie er sich vor Verletzungen der Psyche schützen kann. Er baut einen Schutzwall auf, indem er sich Gefühlen des Schmerzes verschließt, er zieht sich in sich selbst zurück, verkriecht sich sozusagen und weigert sich, sie auszuleben. Sein Gefühlshaushalt stumpft ab, die Sensibilität, die Verletzlichkeit des Kindes verschwindet und zurück bleibt ein junger Mensch, der nicht mehr richtig fühlen kann, weil niemand ihm je gesagt hat, wie er mit Gefühlen umgehen sollte. Denn die Kehrseite der Medaille ist der Verlust von Freude, Glück und Leidenschaftlichkeit. Die positiven Gefühle werden ebenso stumpf und kränkelnd erlebt wie die traumatischen, weil der emotionale Schutzwall keinen Unterschied zwischen positiv und negativ macht.

Eine der Bedingungen zur Wiederherstellung unserer Gefühlsstärke und unserer entschwundenen Fähigkeit zum Glücklichsein wäre ein Zuwachs an Sensibilität. Sensibler zu sein würde bedeuten, dass wir uns in Zukunft vorbehaltlos, ohne Schutzmaßnahmen unseren Gefühlen öffnen und bereit sind, sie auszuleben, gleich, ob sie lust- oder schmerzvoll sind. Falls Sie jetzt am liebsten mit Lesen aufhören möchten, weil in Ihren schmerzisolierten Elfenbeinturm schon genug Kummer eindringt, sodass kein Bedarf an mehr Kränkungen als Folge erhöhter Sensibilität besteht, lesen Sie bitte weiter - es gibt triftige Argumente, die dafür sprechen, dass Sie sich Ihren Gefühlen öffnen. Ich erwähnte es schon, die meisten Menschen haben nie gelernt, wie Gefühle sich verhalten, wenn sie ausgelebt werden und sie wissen auch selten, wie sie mit ihnen umzugehen haben. Was immer ein Gefühl in uns auslöst, ein Anblick, eine Szene, eine Erinnerung - unsere Bereitschaft, das Gefühl zuzulassen und es auszuleben, stellt eine wichtige Kommunikation mit der Außenwelt her. Unser Fühlen, wenn es seiner sicherer geworden ist, regeneriert und unser Gehirn steht wieder in einer lebendigen Wechselbeziehung zur Natur. Wenn Sie damit beginnen und Ihre Gefühle ausleben, brauchen Sie sich vor zusätzlichen, größeren Schmerzen als bisher nicht zu fürchten. Im Gegenteil, Sie werden mit Leid und Kummer weniger belastet, weil diese Gefühle ausklingen und entschwinden wie Nebel im Wind, sobald Sie ihnen gestattet haben, sich mitzuteilen.

Unser Fehler im Umgang mit Gefühlen jeder Art hängt mit unserem Denken zusammen. Sobald ein Gefühl sich zeigt, versucht unser Verstand, etwas damit anzufangen. Trauer, Schmerzen, Sorgen würden viel schneller verschwinden, wenn wir sie mit unseren Gedanken nicht zu rationalisieren und wegzuerklären suchten. Wir begreifen nicht, dass wir damit die Pein nur verlängern, und zwar so lange, wie wir damit beschäftigt sind, sie loszuwerden. Bei Verlusten durch den Tod oder Trennung fallen unsere Verstandes- und Willensaktivitäten besonders schwer ins Gewicht. Labruyére sagte einmal: *Jemanden vergessen wollen, heißt an ihn denken.* Das ist wie mit der scherzhaften Übung, wenn ich Sie auffordere, die nächste Stunde unter keinen Umständen an den Eiffelturm zu denken. Sie wären nie auf die Idee gekommen, sich nur im entferntesten mit dem Pariser Wahrzeichen zu beschäftigen, aber sobald Sie beginnen, es bewusst zu ignorieren, ist im Oberstübchen der Teufel los. Gedanken an das Stahlgerippe in Frankreich suchen Sie solange heim, bis Sie infolge anderer Ablenkung die Aufgabe wieder vergessen. Ich weiß von Männern und Frauen, die von ihren Partnern verlassen worden sind und dann entweder im Geist damit beschäftigt waren, wie sie das Verlorene wiedergewinnen könnten oder im Gegenteil versuchten, wie oben dargestellt, die Person zu vergessen und so schnell wie möglich Abstand von ihr zu bekommen. Beide Bestrebungen des Intellektes landeten in der gleichen Falle: Die Schmerzen über den Verlust hielten an. Hätten sie ihren Kummer ausgelebt, den Gefühlen gestattet, ihren Höhepunkt zu erreichen und zu entschwinden, wäre die Sache zwar nicht auf einen Schlag erledigt gewesen, aber die Intervalle, in denen das Leid durchbrach, wären länger geworden und die Ausschläge des Schmerzes zunehmend flacher, um nach einer angemessenen Trauerphase vollständig auszubleiben. Bedauerlicherweise ist unser Umgang mit den positiven Gefühlen der Lust und Freude ebenso töricht. Hier probiert es unser Denkapparat mit dem Gegenteil der Maßnahmen wider den Schmerz. Er versucht, Momente des Glücks, selbst die zauberhaften Momente großer liebender Intensität, festzuhalten und ihnen Dauer zu geben. Der Effekt dieser Bemühungen ist doppelt negativ: Einmal verpassen wir das unmittelbare glückliche Erleben, wir denken mehr, wie glücklich wir jetzt sind, als dass wir es wirklich fühlten, und zum anderen verdünnen wir das Glück, weil wir es verlängern wollen, zu Wassersuppe. Und dann beklagen wir die Tristesse des Lebens, das so wenig Freude für uns übrig lässt.

Es gibt einen Weg, zu der Gefühlsintensität des Kindes zurückzufinden. Die einst so kraftvollen Gefühle mögen heute verschüttet sein, aber sie sind nicht unwiederbringlich verloren. Wir brauchen dazu eine lebendige Verbindung mit der eigenen Kindheit. Ich rede nicht von Psychoanalyse, auch nicht von der Suche nach verborgenen Traumen, auch nicht von aufzulösenden Neurosen - der Rat lautet schlicht und einfach, dass wir die Erinnerung an unsere Kinderzeit hervorholen und uns öfter damit beschäftigen. Versuchen Sie einmal, täglich oder alle paar Tage, aber regelmäßig, ein wenig in alten Erinnerungen zu kramen. Sie werden bald feststellen, wie Ihr Gedächtnis immer mehr Szenen und Erlebnisse ans Tageslicht fördert, und Sie gewinnen Einsichten, weshalb aus Ihnen geworden ist, was Sie heute sind. Mit dem Rückblick in die Kindheit nehmen Sie zugleich Ihr Elternhaus unter die Lupe, nicht verdammend, nicht zustimmend, nur, wie es wirklich war. Und Sie gewinnen Einblicke in Ihr damaliges kindliches Wesen. Die Kindheiten der Menschen innerhalb einer Gesellschaft können sehr verschieden sein: Da gab es die total verwöhnte, verhätschelte Göre, den arroganten Knirps, dem die Eltern alles durchgehen ließen, und im Gegenzug Fälle von schwarzer Pädagogik, wo die Kinder nur angebrüllt und sogar geschlagen wurden, wo sie widerspruchslos zu gehorchen hatten. Der eine hat eine glückliche, behütete Kindheit hinter sich mit viel elterlicher Zuwendung, der andere ist hart herangenommen worden, vernachlässigt, hat wenig Liebe empfangen, weil die Eltern sich keine Zeit für ihn nahmen oder der Auffassung waren, sie könnten sich mit Geld von der fehlenden Zuwendung freikaufen. Eine bestürzend große Zahl von Jugendlichen aus gut situierten Elternhäusern ist als Ersatz für Zeit und Aufmerksamkeit finanziell abgefunden worden. Viele Menschen bezeichnen auf Befragen ihre Kindheit als glücklich, ohne zu realisieren, ob sie es wirklich war. Ich zum Beispiel erinnere mich sehr wohl, wie unglücklich ich als Kind manchmal gewesen bin, von Ängsten geplagt, die Eltern oder einen Elternteil zu verlieren, traurig über versagte Wünsche und unerfüllte Sehnsüchte und oft zu Tode gelangweilt, weil ich zu Leuten mitgeschleppt wurde, die mir zutiefst unsympathisch waren. Ich denke, wenn wir uns die modernen Lehrbücher über ideale Erziehungsmodelle vornehmen, bleibt am Ende festzustellen, dass die wenigsten von uns nach der Theorie richtig erzogen wurden oder die ideale Kindheit genossen haben. Wahrscheinlich verlassen nur wenig Jugendliche in unserer Gesellschaft völlig unbeschädigt und ohne die geringsten Entwicklungsdefizite ihre Kindheit. Wie immer Ihre Kindheit beschaffen war, ob Sie sich an mehr Freude oder mehr Leid erinnern, ist in Zusammenhang mit der lebendigen Verbindung dorthin weniger wichtig. Entscheidend ist, dass Sie nach und nach die Intensität und den Gefühlsreichtum Ihrer Kindheit wieder zu spüren beginnen, dass Ihr Geist Muster findet zum Vergleich Ihres emotionalen Zustandes heute gegenüber einst und daraus Konsequenzen zieht.

Gestatten Sie mir noch ein paar Gedanken über das Glück. Wenn ein Buchtitel Rezepte fürs Glücklichsein oder Auskünfte über den Sinn des Lebens verspricht, hat er gute Chancen auf einen Platz in den Bestsellerlisten. Die Nachfrage nach Auswegen aus dem allgemeinen Unglücklichsein und nach Entschlüsselung der Rätsel des Seins ist seit der Renaissance ungebrochen. Das in laufenden Metern messbare Angebot an entsprechenden Titeln scheint aber die offenen Fragen über das Leben nicht vollständig zu befriedigen, denn es deutet wenig darauf hin, dass die Menschen unserer Umgebung mit der Zeit gelernt hätten, wie man glücklich lebt. Und da unbequeme Hinweise auf unsere Mitschuld an der Misere nicht gerne gelesen werden, bevorzugen die Leute leider „Wege-zum-Glück-Methoden", die verzweifelt dem Kochbuch für die Deutsche Hausfrau ähneln. Wenig von dem, was der Mensch unternimmt, um glücklich zu werden, funktioniert. So sehr er sich nach Glück und Erfüllung sehnt - er beschreitet den falschen Weg, es zu erreichen. Seine Hoffnung, dass Fortuna eines Tages unaufgefordert ihr Füllhorn über ihn ausschüttet, ist sinnnlos, solange er außer Hoffen nichts unternimmt. Wer nur jede Woche im Lotto spielt und dreißig Tage im Monat vom großen Gewinn träumt und sich ausmalt, was er davon alles kaufen wird, ist permanent auf der Flucht vor dem tatsächlichen Zustand seines Lebens. Die ständigen Begleiter des Glücklosen sind immer wiederkehrende Gefühle von Inhaltlosigkeit, Enttäuschung und Selbstzweifeln, und die chronisch destruktive Einstellung zum Leben löst eine Kettenreaktion des Versagens und Misstrauens gegen alle Welt aus. Der erste Schritt heraus aus diesem emotionalen Elend wäre die Öffnung für alle Gefühle. Damit verschwindet zwar die Trauer über ein krisengeschütteltes Dasein nicht auf der Stelle, aber der Geist wird empfindsamer für die Untertöne, und von dorther weht ein Ahnen ins Bewusstsein, dass noch längst nicht alles verloren ist. Wer seine Mauern gegen Gefühle des Schmerzes niederreißt, wird sehr bald erfahren, wie seine Vorhaben zur Sanierung der Lage Signale für richtig oder falsch empfangen. Auch ohne Not, im Umgang mit alltäglichen Problemen - und deren gibt es immer welche - können Sie erleben, dass sich nach einer im Vertrauen auf diese Signale getroffenen Entscheidung ein Gefühl von Richtigkeit, von Stimmigkeit einstellt, heiter und von stiller Fröhlichkeit. Glück an sich ist, wie gesagt, ein Gefühl, und es kommt und geht, wie die Anlässe es bestimmen. *Glück haben* ist eine andere Sache. Erst einmal kann man Glück nicht besitzen, auch nicht pachten oder kaufen, auch wenn es Zeitgenossen gibt, die das behaupten. Was der Volksmund unter *Glück haben* versteht, ist Gelingen. Es stellt sich getreulich ein, wenn unser Handeln mit dem Regelwerk unserer Umwelt harmoniert und wir das Erreichen unserer Ziele durch konsequente Beachtung der Signale aus unserer Tiefe betreiben, jener Signale, die unmittelbar den viel besprochenen Tendenzen zum Wachstum, mit anderen Worten, einer transpersonalen Intelligenz entspringen.

*

Beschäftigen wir uns mit dem Lieben. Wir wollen der Frage nach dem Lieben als Tätigsein innerhalb unserer eigenen Beziehungen nachgehen. Im Kontext mit den Themen meiner anderen Bücher halte ich regelmäßig Seminare ab, und obgleich Partnerschaftsprobleme nicht das Motiv für ihre Teilnahme sind, berichtet eine bestürzend große Zahl von Menschen, die hierher kommen, von Schwierigkeiten in ihren Liebesbeziehungen. Der Keim künftiger Probleme existiert bereits, bevor zwei Menschen sich begegnen, sich kennen lernen und der Wunsch in ihnen wächst, mit dem anderen eine Beziehung einzugehen. Denn - erinnern Sie sich? - zuerst begegnen sich zwei Bilder, hinter denen der wirkliche Mensch verborgen ist. Jeder macht den anderen mit der Überzeugung bekannt, die er von sich kultiviert. Erschwerend kommt bei ersten Kontakten hinzu, dass jeder der beiden ein weiteres Bild mit sich herumschleppt. Die Vorstellung nämlich, wie nach Möglichkeit ein potentieller Partner, eine für die engere Wahl geeignete Partnerin charakterlich, äußerlich, von der Interessenlage oder dem Bildungsniveau her beschaffen sein sollte. Man tastet sich behutsam gegenseitig ab, versucht dem anderen die eigene Vorstellung seines Selbst zu vermitteln und ist synchron klammheimlich am Überlegen, ob das Gegenüber einigermaßen in den Raster der Forderungen für eine künftige engere Beziehung passt. Und hinter diesen vier Bildern versteckt sich der wirkliche Mensch mit seinen Schwächen und Webfehlern, das Wesen, das sich so sehr danach sehnt, geliebt und verstanden zu werden. Man kommt sich näher, sieht sich öfter, findet Gemeinsamkeiten, ein paar erträgliche Gegensätze, das gegenseitige Verstehen, die Vertrautheit mit dem anderen wächst. Und dann, irgendwann, bald, in einem verzauberten Augenblick beginnt es im Herzen zu brennen, ein machtvolles, unbeschreiblich schönes Gefühl durchströmt den ganzen Menschen - und Lippen sprechen den berühmten Satz: ICH LIEBE DICH.

Manche Kitschromane enden mit diesem Satz, Liebesfilme mit dem finalen Kuss in Cinemascope, nachdem das Paar sich durch endlose Verwicklungen und Wirrungen hindurchgerungen hat. Dem Leser wird erspart, wie es mit den beiden weitergeht. In unserem Bekanntenkreis gab es ein junges Paar, das seine Hochzeit auf das Jahresende 1975 verlegt hat, damit es zur Jahrtausendwende Silberne Hochzeit feiern konnten. Bloß hat es nicht funktioniert - sie ließen sich ungefähr fünf Jahre nach der Hochzeit schon wieder scheiden. Die fast unvermeidbaren kleinen Krisen einer Liebesbeziehung beginnen, wenn die Selbstbildnisse Risse bekommen und jeder dem anderen oder nur einer dem anderen hinter die Maske blickt und dort einen Menschen entdeckt, der gar nicht mehr so sehr mit dem übereinstimmt, was er von sich erzählt. Und noch ein Phänomen gibt es, das gerade beginnenden Beziehungen öfter schon den Todesstoß versetzt hat: das Verhalten echter Gefühle, dieses Aufblühen und wieder Vergehen. So kann es passieren, dass zwei Menschen, die sich jüngst ihre gegenseitige Liebe gestanden haben, eines schönen Abends in einem schnuckeligen Restaurant sitzen und die Menükarte studieren, als einen der beiden plötzlich ein schrecklicher

Gedanke überfällt: „Mein Gott, was ist nur mit mir los, ich spüre überhaupt nichts mehr von Liebe, dabei ist sie unverändert attraktiv (oder anders herum: „Er wirkt noch immer so stark und männlich."), aber heute Abend sind meine Gefühle wie amputiert." Es wurde nicht erkannt, dass Liebe ein Gefühl ist und dass sie kommt und geht, wie andere Gefühle auch. Diese Art Liebe jedenfalls - nur die andere, die kontinuierliche, fällt aus dem Rahmen des Szenariums, das ich hier zeichne. Sie kommt noch zu Wort, weil sie als einzige wirkliches Gewicht für eine dauerhafte, glückliche Beziehung hat. Die Liebe, die ich oben schildere, beginnt als Verliebtheit, sie ist manchmal nur ein Strohfeuer und hinfällig, weil sie rasch wieder verglimmt. Viele Beziehungen beginnen mit Verliebtsein, sie können ein Leben lang halten, wenn die andere Dimension der Liebe hinzukommt oder sie haben Bestand, weil die Verliebtheit mit ihren Höhen und Tiefen vorhält und sich gemeinsame Interessen zu einer Symbiose verbinden.

Die Liebe und die Freude am Leben hängen eng miteinander zusammen, das ist plausibel und braucht nicht weiter bewiesen zu werden. Einen praktizierenden Christen dem Lieben zuzuführen erscheint auf den ersten Blick unnötig, wenn man voraussetzt, dass er in einer gläubigen Familie aufgewachsen ist und auch in reiferen Jahren nie angezweifelt hat, was ihm in der Kindheit gelehrt und von den Eltern vorgelebt worden ist. Auch ein Erwachsener mag sein Damaskus erlebt und sich in fortgeschrittenem Alter zum bekennenden Christen bekehrt haben. Solche Menschen geben sich rechtschaffen Mühe, in der Liebe zu bleiben, eingedenk des Bibelwortes: „Wer in der Liebe bleibt, der bleibt in Gott und Gott in ihm." Aber es ist ein dorniger Pfad, den sie sich ausgewählt haben, sie sind in ihren Beziehungen den gleichen Schwierigkeiten ausgesetzt wie alle anderen Mitglieder von Kirchen und Religionsgemeinschaften, die ihren Glauben nur formal in den Personaldaten mitführen. Es gibt einen Störfaktor, der die Menschen aller Glaubensgattungen am Lieben hindert: den Narzissmus. Ich betrachte den Narzissmus allerdings nicht wie Freud als Krankheit der Psyche. In meinen Augen handelt es sich um ein allgemein menschliches Problem, das in stärkeren oder schwächeren Ausschlägen im Grunde im

Leben fast jedes Menschen unserer Zivilisation vorkommt. Im Lexikon steht unter Narziss und Narzissmus lapidar Folgendes: *Narziss: eitler Selbstbewunderer, krankhaft in sich selbst Verliebter. Narzissmus: psychoanalytischer Begriff zur Bezeichnung der erotischen Hinwendung zum eigenen Körper als Sexualobjekt (S.Freud), auch: Verliebtheit in sich selbst.* Die aus der Fabel vom schönen Jüngling gewonnene Narzissmustheorie ist eine der großen Entdeckungen Sigmund Freuds. Sein Verdienst schmälert auch nicht der Umstand, dass er sie zum Baustein seiner Libidotheorie gemacht hat. Auf die Menschen der Gegenwart mit ihrer sexuellen Freiheit hat der Narzissmus andere Auswirkungen, der Eros spielt nur dort noch die Hauptrolle, wo er beim Individuum krankhafte Züge annimmt. Der französische Schriftsteller und Herzog La Rochefoucauld, der sich mehr als zweihundertfünfzig Jahre vor Freud mit menschlicher Eitelkeit und Selbstsucht beschäftigt hat, schrieb damals schon: *Manche Menschen sind so von sich erfüllt, dass sie noch in der Verliebtheit Wege finden, sich statt mit der Person, die sie lieben, mit ihrer Leidenschaft zu beschäftigen.* Womit er ein sehr treffendes Bild vom narzisstisch besetzten Liebhaber gezeichnet hat. Für mich ist Narzissmus der heimliche Bruder des Egoismus.

In Kapitel vier habe ich unser eigenartig abwesendes Verhältnis zur Wirklichkeit beschrieben. Extrem ausgeprägt ist Realitätsferne eine der Eigentümlichkeiten des Narzissmus. Ein Narzisst strotzt vor Selbstvertrauen, aber er ist seiner nur so lange sicher, wie er nicht realisiert, wie die Dinge sich wirklich verhalten. Für ihn ist Wirklichkeit das, was er subjektiv erlebt, was vom tatsächlich Geschehenen zu seinen Gefühlen und Gedanken hindurchdringt. Er ist von der Richtigkeit seiner Gedanken und der Wahrheit seiner Meinungen zutiefst überzeugt und seine Interessen beginnen und enden mit den Dingen, die ihn unmittelbar betreffen oder ihm wichtig sind. Was sonst in der Welt rings um ihn her vor sich geht, realisiert er kaum und er bringt auch keine Gefühle dafür auf.

In einem naturwissenschaftlichen Aufsatz über Quallen habe ich einmal gelesen, dass der Körper dieser Lebewesen die Gestalt einer hohlen Halbkugel hat, an deren Rand viele kleine Glöckchen hängen, mit deren Hilfe sie ihre Beute orten. Der Verfasser des Aufsatzes vermerkte humorvoll, eine Qualle würde zeitlebens nur das ewige Bimmeln dieser Glöckchen vernehmen. So ähnlich scheint es im Kopf narzisstisch besetzter Menschen zuzugehen: Sie vernehmen einzig die Töne ihrer egozentrischen Gedanken und Gefühle. Wo immer ein Narzisst seinen Blick hinwendet, erkennt er die Dinge nur in ihrer Bedeutung für ihn selbst. Er erwartet von der Welt jenseits seiner Hautoberfläche, dass sie sein Selbstbild reflektiert, diesen Schild, auf dem in Großbuchstaben sein Name steht und jedem klar macht, wie wichtig er ist. In dieser Welt draußen befinden sich auch die Menschen, die ihm nahe stehen und die bei der Befriedigung seiner Bedürfnisse eine Hauptrolle spielen. Der Narzisst braucht ihre Anerkennung, Zustimmung, Bewunderung. Die Menschen, von denen er sich geliebt weiß, sind der Spiegel, der See des Jünglings aus der Fabel, und sie sind dazu da, ihn zu bestätigen und sein Ego zu stärken. In Liebesbeziehungen sind Narzissten Problemfälle, weil sie keinerlei Kritik vertragen, auch keine Gegenstimme zu ihren Überzeugungen. Ihr fragiles Selbstvertrauen geht rasch zu Bruch, es braucht nur jemand an einer beliebigen Stelle ihrer Meinung über sich zu kratzen und schon fällt die Stimmung eines solchen Menschen ins nächste schwarze Loch. Sie reagieren auf jede vermeintliche Kränkung meist jähzornig und je nach Temperament können sie tagelang eingeschnappt sein. Bemerkenswert ist auch die Selbstverständlichkeit, mit der sie die Dienste ihnen nahestehender Menschen annehmen, in ihren Augen haben sie einen Rechtsanspruch darauf, dass jedermann in ihrer Umgebung ihnen permanent gefällig ist.

Von dem schönen Jüngling Narziss berichtet die Sage, dass er in den See stürzte, in dessen Spiegel er jeden Tag seine Schönheit bewunderte, und ertrank. Nach seinem Tod erschienen Waldfeen und fanden das Wasser des Sees in einen Tümpel aus salzigen Tränen verwandelt[26].

„Warum weinst du?“, fragten die Feen den See.

„Ich trauere um Narziss“, antwortete der.

„Oh, das überrascht uns nicht, denn obwohl wir alle hinter ihm herliefen, warst du doch der einzige, der seine betörende Schönheit aus nächster Nähe bewundern konnte."

„War Narziss denn so schön?", verwunderte sich der See.

„Wer könnte das besser wissen als du?", antworteten die Feen überrascht. „Schließlich hat er sich täglich über deine Ufer gebeugt, um sich zu spiegeln."

Daraufhin schwieg der See eine Weile. Dann sagte er: „Zwar weine ich um Narziss, aber dass er so schön war, hatte ich nie bemerkt. Ich weine um ihn, weil sich jedes Mal, wenn er sich über meine Wasser beugte, meine eigene Schönheit in seinen Augen widerspiegelte."

Eine wunderschöne, versöhnliche Variante der Fabel. In seiner Antwort gibt der See die Umkehrformel preis, die wahrscheinlich das einzige Heilmittel gegen Narzissmus und Teil des Geheimnisses um die hohe Kunst beständig währender Liebe ist. Sie sagt aus, dass das Sich-Spiegeln an sich nicht das eigentliche Problem ist. Denn jeder Mensch erlebt sich über das Echo, das er und seine Lebensäußerungen bei anderen auslösen. Ohne Feedback, wenn mir der englische Ausdruck dafür gestattet ist, weil er so gut trifft, ohne Feedback würden wir emotional verarmen. Wir brauchen die Kommunikation mit anderen Wesen, um selbst unsere Lebendigkeit zu spüren. Ich habe im ersten Kapitel behutsam versucht, Ihnen die wahrscheinlich real vorhandene Einheit der Dinge nahezubringen und Sie zur probeweisen Änderung Ihrer diesbezüglichen Grundannahmen ermuntert. In Sachen Liebe wäre diese Umstellung sehr viel wichtiger und in letzter Konsequenz wirksamer als in anderen alltäglichen Angelegenheiten. Wenn ich voraussetze, dass die Welt und ich nicht getrennt voneinander sind, dass alles, was draußen ist, was meine Sinne erleben, ebenso ich bin, wie mein Körper, mein Gehirn, dann kann ich mich nur lieben, wenn ich auch alles andere liebe, die unbekannten Menschen ebenso wie jene, die mir am nächsten stehen. In seinem Buch *Die Kunst des Liebens*[27] bezieht sich Erich Fromm auf die Einheit, wenn er schreibt: „*Wenn ich zu einem anderen sagen kann: Ich liebe dich, muss ich auch sagen können: Ich liebe in dir auch alle anderen, ich liebe durch dich die ganze Welt, ich liebe in dir auch mich selbst.*" Und damit gewinnen die Worte, die Oscar Wilde den See sagen lässt, ein anderes Gewicht: Sie drücken die Einheit von Narziss und dem See aus, jeder spiegelt sich in dem anderen. Narzissmus mit allen seinen Liebe zerstörenden Nebenwirkungen endet, wenn wir lernen, uns motivlos, ohne den Wunsch nach Applaus im anderen widerzuspiegeln. Es muss ein Gefühl in uns wachsen, das, um im Gleichnis zu bleiben, den See in unsere Identität einbezieht. Damit endet zugleich unsere Subjektivität, denn Subjektivität würde bedeuten, uns von den Objekten unserer Wahrnehmung, von unserem Gegenüber abzugrenzen und von diesem Gegenüber, wer immer es ist, Wirkungen zu erwarten, die unser Ego bestätigen. Dann wird jene fortdauernde Liebe, die eine Grundsubstanz des Seins ist, in unserem Leben wirksam werden.

*

Eine gelungene Beziehung verlangt von beiden Partnern die Fähigkeit, den anderen so zu sehen, wie er wirklich ist. Wir müssen hinter die Masken schauen, hinter den Rollenspielen den echten Menschen mit all seinen Stärken und Schwächen kennen lernen, uns in ihn hineinfühlen, als ob es uns selbst betreffen würde. Dann verwandelt sich Liebelei, Verliebtheit, die kommt und immer wieder geht, in Liebe, verwandelt sich in eine Liebe, die nicht im Begehren wurzelt, die kein Fluchtmittel vor der Einsamkeit ist, in Liebe, die dauerhaft das gemeinsame Leben begleitet. Diese Liebe ist mehr als ein gegenseitiges Geben und Nehmen, sie schließt die Achtung vor dem anderen, Verantwortlichkeit und Fürsorge ein. Aktiv lieben bedeutet, immer aufs Neue auf den anderen einzugehen, zu spüren, wie es um sein Gemütsleben bestellt ist und sein Wohlergehen im Auge zu haben. Aber, das ist sehr wichtig: einem Wohlergehen, das seiner eigenen Autonomie entspringt und nicht von unseren Gnaden abhängig ist. Noch eine Frage sollte sich in einer Liebesbeziehung jeder für den anderen stellen: Was kann ich tun, um unser Zusammenleben so zu gestalten, dass der andere ein höchstes Maß an Entfaltung seiner Individualität, Originalität und kreativen Produktivität behält? Aus einer solchen Grundeinstellung dem Partner und der Beziehung als Ganzes gegenüber wird etwas Neues, ungemein Dynamisches entstehen, weitaus kraftvoller, als es zwei Menschen einzeln sein könnten.

Harmonie gedeiht zwischen zwei Menschen, wenn jeder sich einen Freiraum bewahrt. Dass totale Nähe die wahre Liebe ausmacht, ist ein tragischer Irrtum - sie ist oft der Tod jeder Liebe. Es gehört zur Kunst des Zusammenlebens oder Zusammenseins, genügend Abstand voneinander zu halten. Ein kleiner Vogel in meiner Hand fühlt sich nur solange wohl, wie ich ihn lose halte, sobald ich die Hand schließe, bekommt er Angst und hält nicht mehr still. Ich darf einen Menschen, den ich liebe, nicht knebeln, an mich binden und Auskunft über seine Gefühle verlangen, wann immer es meine Unsicherheit für geboten hält. Ein aus großem gegenseitigem Verständnis gewachsenes Gefühl der Zusammengehörigkeit braucht diese dauernden Beteuerungen und Befragungen nicht. Es hält Streitereien stand und Krisen, die von außen hereinbrechen, es bleibt lebendig und erneuert sich mit jedem Tag. Überhaupt ist es ein Irrglaube, wirkliche Liebe dürfe keinen Streit haben. Ich kenne einige ältere Paare, die sich ewig mit Muttchen oder Schatz anreden, sanft wie Täubchen miteinander umgehen, aber unter der Oberfläche spürt man den Vulkan der Unzufriedenheit, der Frustration, der dort brodelt, aber lieber in Gestalt von Magengeschwüren ausbricht als in einem befreienden, handfesten Krach. Ein fair ausgetragener Streit ist notwendig und tut einer Beziehung eher gut, als dass er schadet. Zwischen mir und meiner Frau kracht es gelegentlich auch ganz gehörig - aber wir haben uns den weisen Spruch zu eigen gemacht und es ist noch nie passiert, dass wir ihn missachtet hätten: „*Lass die Sonne nicht über deinem Zorn untergehen.*" Wie gesagt, das totale Offenbaren des Innenlebens führt zu nichts Gutem und die Forderung an den anderen, genau dies zu tun, erst recht nicht. Viel intelligenter ist, sich immer einen Rest jenes geheimnisvollen Flairs zu bewahren, der den anderen damals so angesprochen hat. Wer mehr Offenheit verlangt, als die Wesenseigenheit seines Partners aus eigenem Bedürfnis geben möchte, legt damit den Grundstein zur Entfremdung, zur Enttäuschung. Es gilt zu verstehen, dass das Verlangen, den anderen bis hin zu seinen innersten Geheimnissen ergründen zu wollen, ein Stück Egoismus ist, ein Akt der Eroberung, des Besitzenwollens. Aber du kannst niemanden besitzen, du bist auch nicht der Besitzer deiner Liebe und hast sie auch nicht erfunden. Exzessives

Erforschen des Partners impliziert die Forderung „Alles oder Nichts" - und so mancher Mann, auch manche Frau, musste im Nachhinein voller Reue und Selbstvorwürfe erkennen, dass ihr Drängen nur *eine* Antwort gefunden hat, nämlich NICHTS. Solange ich dem anderen das Unbekannte, Geheimnisvolle, noch nicht Erschlossene lasse, hält dies meine Liebe zu ihm lebendig, frisch und prickelnd wie Champagner.

Wenn Sie zur Stunde das Glück einer harmonischen, liebevollen Partnerschaft genießen, wäre es trotzdem nicht falsch, sich mit den vorausgegangenen Gedanken über Liebesbeziehungen zu beschäftigen, und sei es nur, um gegebenenfalls die Richtigkeit Ihrer eigenen Einsichten zum Thema Liebe und Glück bestätigt zu finden. Und sollten Sie in einer Krise stecken, einsam sein, weil ein Partner Sie verlassen hat oder Sie sich von ihm getrennt haben oder weil Sie sich zunehmend mit Kontakten schwerer tun, dann schlagen Sie bitte noch einmal im fünften Kapitel nach, das von Mitgefühl, das Liebe ist, handelt. Denken Sie daran: Ein Mensch, der zu diesem Lieben findet, das die Welt umfasst, der seine Identität und seine Position im Universum verstanden hat, wird eine Güte ausstrahlen, die nicht vorgetäuscht, sondern echt und wahr ist. Ein solcher Mensch wird in Zukunft keine Probleme mehr mit dem Alleinsein und weniger Beziehungskonflikte haben, weil das Glück auf ihn zukommt und die Kräfte des Wachstums positiv in seine Einsamkeit hineinwirken.

10. Kapitel

SPIRITUALITÄT, DER TOD UND DIE ZEIT

Der Mensch kann sich nicht nach sich selbst richten, weil er ein solches fest umrissenes, orientierendes Selbst gar nicht besitzt. Der Mensch ist ein Wesen, zu dessen wichtigster Eigenschaft es gehört, zu sich selbst Stellung nehmen zu müssen. Aus seinem Selbstverhältnis zieht er keinen Selbstgewinn, sondern er entdeckt nur die Fraglichkeit seines Wesens.

Arnold Gehlen[28]

Es liegt gut ein Jahrzehnt zurück, da stand ich eines Morgens kurz vor neun Uhr auf der Brücke, die in Epinal im französischen Departement Vosges über die Mosel führt. Und in diesem Moment wurde die Idee zu dem Buch geboren, das Sie jetzt in den Händen halten. Es waren Überlegungen, die ich an jener Stelle über mich selbst angestellt hatte, einer jener Momente, in denen du unter einem grauen Himmel stehst und fragst, warum du nicht viel früher begriffen hast, was du heute anscheinend weißt. Wo in dir als einem Mitglied der schreibenden Zunft aus dem Unbewussten die Zweifel emporsteigen, ob es dir je gelingen wird, erahnte, schwer formulierbare Antworten auf Fragen nach Gott, Identität und dem Sinn so verständlich auszudrücken, dass andere sie nachvollziehen können. Wo du dich eins fühlst mit den Millionen Menschen, die vielleicht zur gleichen Zeit von diesem immer wiederkehrenden Gefühl der Orientierungslosigkeit heimgesucht werden. An diesem kalten Frühlingsmorgen über den strömenden Wassern der Mosel begann ich zu verstehen, dass der Fehler, der wahrscheinlich für die meisten emotionalen und materiellen Engpässe in unserem Leben verantwortlich ist, mit unseren Grundannahmen zusammenhängt. Meine eigenen Zweifel an der Erklärbarkeit der Ursachen menschlichen

Unglücklichseins waren unmittelbar nach dieser Einsicht so überwältigend aufgetreten, dass von dem, was mir sekundenschnell als glasklare Fakten durch den Sinn schoss, später nichts mehr zu notieren übrigblieb. Da stand ich und fragte mich, ob es aus der Sicht einer göttlichen Autorität überhaupt opportun war, kontroverse Ansichten zu publizieren. Ob ich nicht - wahrscheinlich sowieso ohne weit greifende Wirkung - im Begriff war, mich in ein Spiel einzumischen, das seinen Reiz womöglich eben dadurch gewinnt, dass die Mitspieler weitgehend im Dunkeln tappen und dass dieses Spiel endet, sobald die Mehrzahl der Menschen der Schöpfung in die Karten schaut. Seit jener Szene auf der Moselbrücke habe ich mich im Rahmen der Seminare, die ich abhalte, mit vielen hundert Menschen unterhalten, habe die weißen Felder auf der Landkarte ihrer Psyche kennen gelernt und den Handlungsbedarf, der sich daraus ergibt. Die Zahl der befragten Personen stellt im Sinne statistischer Meinungsforschung durchaus einen repräsentativen Querschnitt dar, mit der Einschränkung vielleicht, dass die Menschen, die zu Gast bei uns waren, einen gemeinsamen Nenner aufwiesen: ihr Bedürfnis nach Erkenntnis, die über die an Wert verlierenden Normen unserer abendländischen Religionen hinausgeht.

Zu den wenigen Sicherheiten unseres Lebens gehört die Wahrnehmung, dass es uns gibt, dass wir, unabhängig davon, wer oder was für die Welt und das Leben auf ihr verantwortlich zeichnet, auf alle Fälle vorhanden sind. Wir wissen um unser Denkvermögen und um unsere Fähigkeit zu Gefühlen. Und nicht zuletzt ist unsere Endlichkeit eine der Gewissheiten, die zugleich eine der Ursachen für das Entstehen der Religionen ist. Wir spüren uns bewusst als lebendigen Menschen und dieses Grundgefühl des Stattfindens bildet quasi die Basis, den Bodengrund unseres Bewusstseins. Es ist fähig, über sich selbst nachzudenken, freilich mit dem Schwachpunkt, dass wir nur über Dinge nachdenken können, die uns bekannt sind, über Unbekanntes denken wir zwar auch nach, aber hier müssen wir raten. Selbst wenn wir, den Thesen der Neurologen folgend, annehmen, dass die Quelle des Bewusstseins in den Zellverbänden unseres Gehirns zu finden ist, bleibt das verursachende Prinzip dennoch außerhalb unserer Erkenntnis.

Unser Denken wäre intelligent genug, das Grübeln über den Ursprung der Dinge infolge erwiesener Sinnlosigkeit aufzugeben. Aber als Konsequenz bliebe dann nur Nichtwissen übrig, und das Bewusstsein würde zu begreifen beginnen, dass allein es selbst als Quelle infrage kommt. Sobald alle Fehlinformationen, alle Spekulation, alle Theorie, die sowieso bloß Rätselraten ist, beiseite bleibt, bleibt als Rest nur noch Bewusstsein pur übrig. *Und was da übrig bleibt, ist ES.*

Mit der Einsicht in die mögliche Identität unseres Bewusstseins mit dem verursachenden Prinzip fällt das religiöse Vakuum auf, das sich dadurch auftut. Verleugnet ein derartiges Zugeständnis an die Identität Gottes nicht all die Feierlichkeit, die Großartigkeit, die Humanität und alles Erhebende von kirchlichen Veranstaltungen - wie den Trauergottesdiensten, abgehalten für die Opfer von Naturkatastrophen, Terrorakten, Flugzeugabstürzen, Eisenbahn- und Tunnelunglücken? Nein, diese Einsicht verleugnet gar nichts. Der von mir sehr geschätzte Religionsphilosoph Allan Watts äußerte sich in seinen Lebenserinnerungen zu diesem Problem sinngemäß: „Ich kann einen Gottesdienst ebenso genießen wie jeder orthodox Gläubige, mich beglücken gregorianische Gesänge sehr und ich lehne keines der Rituale der Kirche ab, sie bilden den Rahmen und schenken den Kirchenbesuchern Wärme und Gewissheit. Dazu muss ich nicht selber buchstabengetreu die Thesen glauben, die in diesem Rahmen gepredigt werden. Aber nichts hindert mich, eine Predigt dennoch so zu genießen, wie zum Beispiel eine Lesung schöner Gedichte." Niemand schließt uns von den Einrichtungen unseres kulturellen Lebens aus, ohne die unsere Gesellschaft geistig verarmen würde; andererseits ist eine Teilnahme kein Grund, an überholten Glaubensgrundsätzen festzuhalten.

Wir sollten die unsere Ichstruktur betreffenden bestürzenden Übereinstimmungen zwischen den Lehren Buddhas, der alten Taoisten und den veröffentlichten Arbeiten der Neurologen und Neurophysiologen auf ihre Konsequenzen für unsere Spiritualität und unsere Glückserwartungen hin untersuchen. In diesem Zusammenhang möchte ich dem Irrglauben vorbeugen, unsere duale Identität würde sich dadurch verändern, dass wir einer Religion beitreten, die etwas Dementsprechendes lehrt, und deren Rituale würden dann eine Veränderung der vorhandenen Ich-Struktur herbeiführen, allmählich oder durch den Blitzschlag einer spontanen Erleuchtung. Was ich sagen will, zielt auf etwas viel Simpleres: Entweder sind wir Individuen, die schon immer von ihrer Außenwelt und ihrer Erfahrung getrennt waren - oder wir sind es nicht. Wer je im Alltag nach und nach seine Einheit mit dem Rest der Welt zu spüren beginnt, erlebt nichts, das neu hinzugekommen wäre. Der Zustand der Einheit ist älter als die Berge und die Sterne. *Die Aufgabe, die sich dem Menschen stellt, lautet also nicht, die Struktur seines Selbst zu verändern, sie lautet kurz und bündig, zu realisieren, wie sie in Wahrheit beschaffen ist.*

Das Denken hätte im Allgemeinen keine Schwierigkeiten, von getrennt auf integriert umzuschalten, es bräuchte nur den isolierten Standort des Denkers zu verlassen - im Grunde ein kleiner Schwenk fort vom Subjektiven hin zu den Objekten seiner Wahrnehmung. Weil so gut wie alle Gedanken aus einer Perspektive des Getrenntseins stattfinden, würde ein veränderter Betrachterstandort dem Denken eine andere, realistischere Qualität bescheren. Was aber ist subjektiv? Den Begriff „Subjekt" verwendet der Volksmund allgemein für eine heruntergekommene, gemeine Person, ergo kann so ein Subjekt nichts Ordentliches sein. Richtig interpretiert ist das Wort allerdings wertneutral, im philosophischen und psychologischen Fachjargon wird es gerne verwendet, weil sein Sinngehalt einen ganzen Satz ersetzt. In Zusammenhang mit unserem Thema würde „Subjekt" für einen Menschen stehen, der seine Welt als Gegenüber, als Kontrast zu seinem Selbst ansieht, alles, was seine Sinne wahrnehmen, was er erlebt, woran er sich erinnert, sind Objekte für ihn, von denen er sich unterscheidet und die er grundsätzlich als getrennt von sich empfindet und dementsprechend behandelt. Subjektivität drückt sich in der Art aus, wie jemand die Wahrnehmung seiner Umwelt verarbeitet. Wir blicken tagtäglich aus Gewohnheit auf die Umgebung, die uns vertraut ist. Diese Wahrnehmung hat eine interessante Eigenschaft: Während wir schauen, ist uns nicht bewusst, dass das alles *nicht* wir sind - erst von dem Moment an, da ich über ein Szenarium nachzudenken beginne, trennen Gedanken mich von ihm ab. Sobald der Gedankenstrom sich vom beobachteten Objekt abwendet, verschwindet auch die Subjektivität wieder im Nichts.

Im vierten Kapitel habe ich - als Fußnote, um dem Verdacht vorzubeugen, ich wollte Ichlosigkeit predigen - vermerkt, wie das Hirn Sekundenbruchteile vor dem Ich seine Entscheidungen trifft. Der Inhaber des Gehirns merkt nichts davon, er hat vielmehr den Eindruck, sein Ich würde bestimmen, was zu tun ist. Ich darf noch einmal ein Stück Text daraus wiederholen: „Neurologen und Physiologen haben aus diesen Versuchsreihen eine bestürzende Schlussfolgerung gezogen. Sie besagt, behutsam formuliert, *dass dieses Zentrum, von dem wir uns einbilden, aus ihm heraus würden wir fühlen, denken, entscheiden und handeln, in der Form, wie wir es uns vorstellen, gar nicht existiert.* Offenbar braucht das Hirn zum Handeln diese Instanz, die uns so viel bedeutet, gar nicht.“ Dieses Zentrum, das wir für den Kulminationspunkt unseres Lebens halten, ist selbst bereits Wirkung. Obwohl es uns so viel bedeutet und wir anscheinend ohne nicht existieren können - ist es nur der Bodensatz unserer Lebenserinnerungen. Wir brauchen unser Ich als Identitätsnachweis für unsere Personaldokumente und zum Eintrag in diverse Register und es liefert unseren Lebenslauf als Hintergrund unserer Selbstdarstellung. Auf der psychischen Ebene aber existiert es überhaupt nicht. Gar nicht so selten bricht in den meisten Menschen ohne Vorwarnung dieses Gefühl durch, als ob sie gar nicht existieren würden, es ist ein Gefühl von erschreckender Leere, die Betroffenen überkommt der Eindruck, als hätte ihr Leben spontan jeden Sinn verloren. Manche reagieren darauf resigniert, weil das Gefühl innerer Leere einer bereits vorhandenen Depression nur noch die Krone aufsetzt, andere sind irritiert, verunsichert, weil die Leere sie mitten in einem glücklichen Moment überrascht hat, und der Rest - die Mehrzahl - gerät in Panik und versucht nervös den Status Quo wiederzufinden, aus dem dieses Gefühl sich auflösender Identität sie herausgerissen hat. Für die Betroffenen wäre wichtig zu verstehen, dass dieses Gefühl der Leere einen real vorhandenen Zustand offenbart. Wer seine Angst vor dem Nichts überwindet und sich ohne Widerstand dieser ungewohnten Emotion überlässt, sie auslebt, statt schnellstens den Fernseher einzuschalten oder in die nächste Kneipe zu fliehen - der wird vielleicht gewahr werden, dass diese Leere gar nicht so übel ist. Nach dem ersten Schreck stellen sich nämlich recht angenehme Begleiterscheinungen wie Leichtigkeit und eine mehr als beiläufige Sorglosigkeit ein.

Ein Geist, der diesen objektiven Beobachterstandpunkt einnimmt, lässt sich nicht mehr auf die Funktion nur von Gehirnzellen reduzieren. Robert Bly[29] hat dafür eine überaus treffende Metapher gefunden:

Aus seinen Essays[30] geht hervor, dass das Wort Geist hier nicht die auf praktische Zwecke bezogene Intelligenz meint, also die analytische Kraft des Wissenschaftlers oder des Ingenieurs. Vielmehr geht es hier um den Geist, aus dem Mohammed den Koran schöpfte, Hildegard von Bingen ihre Gedichte und Augustinus seine Bekenntnisse. Es ist dieser Geist, den Plato und Plotin so schätzten.

Der Geist, den Bly beschreibt, ist ein spiritueller Geist. Er ist nicht im orthodoxen Sinne fromm - äußerlich zur Schau getragene Frömmigkeit, wie man sie bei Klosterinsassen, Witwen und Pastoren glaubt erwarten zu müssen, härene Gewänder, Lustverzicht und Bibelsprüche sind seine Sache nicht. Sein vielleicht markantestes Wesensmerkmal ist Heiterkeit. Sie hat wenig mit der gewohnten Verwendung des Begriffes zu tun, mit Spaß, Lustigkeit oder billigen Witzen. Sie entspringt der Quelle einer großen inneren Gelassenheit, einer tiefen, stillen Freude über die Tatsache des Stattfindens. Es ist die Fähigkeit, sich über erfreuliche Dinge wirklich zu freuen. Das heitere Selbst erwartet das Positive, ohne das Negative zu ignorieren, es hat begriffen, wenn man die Täler zuschüttet, gibt es auch keine Berge mehr. Heiterkeit erträgt auch die Widrigkeiten des Alltags, sie macht ein lustvolles Leben möglich, weil die Misslichkeiten für leicht und unbedeutend gehalten werden. Heiterkeit verteilt die Gewichte des Denkens so, dass auf der Waage des Lebens Symmetrie hergestellt werden kann. Sie ist der Grundton eines in sich stimmigen Lebens.

*

Bliebe noch über den Tod, die Zeit und die Zukunft zu reden. In unseren Seminaren wird das Thema Tod nicht ausgeklammert aus Sorge vor negativen Assoziationen. Wer den Tod verstehen möchte, muss das Leben verstehen, beide gehören zusammen, wie zwei Seiten einer Münze. Ich bitte die Teilnehmer zuerst darum, über ihre eigene Auffassung vom Tod zu reden und es kommen im Allgemeinen die verbreiteten Varianten zur Sprache: *Dann ist alles aus - ich glaube an Reinkarnation - irgendwie geht es weiter - ich habe keine Angst, nur vor langem Leiden - ich glaube an das Weiterleben der Seele* – und so weiter. Manchmal gebe ich den Seminarteilnehmern ein Gedicht zu lesen, das mir einmal jemand gemailt hat, und bitte um Stellungnahme, was ihnen der Text bezüglich des Todes sagt. Das Gedicht lautet:

Steht nicht an meinem Grab und weint.
Ich bin nicht da, ich schlafe nicht.
Ich bin in tausend wehenden Winden.
Ich bin der glitzernde Diamant auf dem Schnee.
Ich bin die Sonne auf dem reifen Korn.
Ich bin der weiche Septemberregen.
Wenn du erwachst in der Stille des Morgens,
Bin ich im huschenden Flug eines Vogelschwarms.
Ich bin das zärtliche Licht der Sterne,
die leuchten des Nachts.
Steht nicht an meinem Grab und weint;
Ich bin nicht da,
ich bin nicht gestorben.

Unbekannter Autor des Makah-Stammes[31]

Ich finde das Gedicht schön und den meisten der Teilnehmer ergeht es ebenso. In ihren Wortmeldungen erklären viele mit Blick auf vorausgegangene Erörterungen über das Prinzip der Einheit, ja, es wäre vorstellbar, nach dem Tod in dem allem, was der anonyme Dichter aufzählt, wiederzukehren. Die auf den zweiten Blick erst erkennbare doppelte Bedeutung des Verses wird offenbar, wenn man die Schlussfolgerungen des Dichters ein Stückchen ausdehnt. Viele der Teilnehmer, die der Version des Aufgehens im Zauber der Natur zustimmen, unterstellen, dass sie gegebenenfalls *nach* ihrem Tod in diesem allem aufgehen würden. Die verblüffende Weisheit verbirgt sich in der konsequenten Interpretation des Einheits-Prinzips; dann nämlich wird der Dichter nicht im Tode in die wundersamen Erscheinungen der Natur verwandelt - er ist es schon zu Lebzeiten, er war schon immer eins mit den Dingen, die er so ätherisch beschreibt. Wer sich mit dem Gedanken an eine viel umfassendere menschliche Identität anfreundet, wird zwar nach wie vor Schwierigkeiten mit der Vorstellung haben, eines unbekannten Tages die Welt verlassen zu müssen - niemand verlässt gerne vorzeitig die Party -, aber die Aussicht auf seinen Fortbestand als Ganzes eröffnet ihm Dimensionen, die, weil sie plausibel und realistisch sind, mehr zu bieten haben als Verheißungen, die geglaubt werden müssen.

*

Wenn wir uns nun mit der Zeit befassen, berühren wir immer noch Fragen nach dem Wohin am Ende des Lebens, denn Zeit und Tod hängen logischerweise untrennbar zusammen. Aus der Sicht von Leben und Tod betrachtet, verhält der Strom der Zeit sich wie ein Fluss. Der Rhein zum Beispiel bleibt nur der Rhein, solange er in seinem Bett fließt, sobald er in die Nordsee mündet, verliert er die Identität als Fluss, obgleich seine Wassermassen noch immer vorhanden sind. Die Analogie vom Fluss und der Zeit stellt die Frage nach dem Bewusstsein noch einmal neu: Unterstellen wir dem Rhein ein individuelles Bewusstsein, meinetwegen hypothetisch ein Ich-Gefühl. Und räumen wir der Nordsee ebenfalls als dem größeren Ganzen ein Bewusstsein ein. Verliert nun der Rhein das Bewusstsein seiner Identität im Augenblick, da seine Wasser sich in der Nordsee verströmen? Wandelt sich das Ich-Gefühl des Flusses im Moment der Auflösung zum Bewusstsein des Meeres? Das Prinzip der Einheit würde die Frage, wo das ihm angedichtete individuelle Bewusstsein endet, plausibel erklären. Wenn der Rhein von Anfang an nie ein anderes Bewusstsein als das Bewusstsein des Meeres für sein eigenes, individuelles gehalten hat, dann entstünde beim Verströmen ins Meer kein Bruch. Auch für die Zeit vor, während und nach einer Geburt fällt mir eine Analogie ein. Sie klingt so logisch wie jene vom Rhein, aber man könnte meinen Ausführungen animistische[32] Tendenzen unterstellen, die ich freilich um der schönen Metapher willen in Kauf nehme. In unserem Garten passiert es nach Stürmen häufig, dass ich abgebrochene Zweige von Sträuchern wegschneiden muss. Zum Wegwerfen sind sie mir oft zu schade, besonders wenn es sich um alte Rosensorten handelt. Ich schneide dann Stecklinge zurecht und setze sie zum Bewurzeln in kleine Töpfe mit einer Mischung aus Sand und Erde. Unterstellen wir einem so behandelten Strauch einmal Bewusstsein. Seine Zweige bilden bis zum Zeitpunkt des Windbruches eine Einheit mit ihm und es besteht für die Zweige kein Handlungsbedarf zur Entwicklung eines eigenen, vom Strauch unabhängigen Existenzgefühls. Theoretisch müsste dann, nach dem Abtrennen, während der Phase, da der neue Steckling ein Eigenleben beginnt und die ersten Würzelchen ins Substrat versenkt, sich allmählich ein individuelles Bewusstsein bilden. Womit wir mit umgekehrten Vorzeichen wieder vor der gleichen Frage wie beim Vater Rhein stünden: Bildet sich in der neu geborenen kleinen Pflanze ein nagelneues, vom Strauch verschiedenes Bewusstsein - oder zieht ein Bewusstsein, ein Existenzgefühl ein, das nicht nur mit der Mutterpflanze, sondern mit *allen* Pflanzen dieser Welt identisch ist? Vom Standpunkt der Einheit aus zu Ende gedacht, kann es nicht anders sein, als dass Pflanzenkinder ihr wie immer geartetes Empfinden des Vorhandenseins nicht nur mit allen anderen Pflanzen gemeinsam haben, sondern mit allen Lebewesen. Das Gleiche ließe sich infolgedessen von jedem neu geborenen Baby sagen.

Unser Umgang mit der Zeit wird von Lernprozessen determiniert. Es begann in der Kindheit, als wir „die Uhr lernten“, und später wurden wir, wie alle zivilisierten Menschen, Untertanen des Gregorianischen Kalenders. Zeit als chronologisch gemessener Wert ist zu hundert Prozent mechanisch. Dennoch erleben wir mental die Zeit relativ - Einstein soll dazu einmal sinngemäß bemerkt haben: „Wenn ich ein hübsches Mädchen im Arm halte, kommt mir eine Stunde wie eine Minute vor; sitze ich dagegen auf einer heißen Ofenplatte, wird eine Minute zu Stunden." Ich realisiere oft, wie unterschiedlich im Tagesverlauf nach meinem subjektiven Gefühl die Stunden verrinnen. Bin ich intensiv mit einem Tun beschäftigt, das ich liebe, dann frage ich mich abends, wo denn die Zeit geblieben ist. Wartezeiten dagegen, bis ein versprochener Anruf endlich das Telefon klingeln lässt oder bis Freunde eintreffen, von denen ich weiß, dass sie seit dem frühen Morgen auf der achthundert Kilometer weiten Strecke unterwegs sind, scheinen im Schneckentempo zu vergehen. Überhaupt: Befällt Sie nicht auch gelegentlich das dumpfe Gefühl, Sie würden zuviel von Ihrer kostbaren Lebenszeit damit verbringen, auf irgendetwas zu warten? Unser inneres Auge ist auf weiten Strecken des Tages in die Zukunft gerichtet, in eine Ferne, die sich synchron mit der chronologischen Zeit von uns fort bewegt. Und wenn uns endlich ein erwartetes Ereignis erreicht, passiert es den hauchdünnen Zeiger der Gegenwart so schnell, dass sein Erscheinen bereits Vergangenheit ist, bis unser Geist realisiert, was geschah. Auch die Arbeitszeit in einem ungeliebten Beruf wird vielfach wie im Traum verlebt und als tägliche Übergangsphase zu den Stunden, wo Flucht möglich ist, empfunden. Über den Fernsehbildschirm wird abends ein zweites Leben gelebt. Ein Ersatzleben, das andere erfunden haben, erspart den Betroffenen die Konfrontation mit der Realität. Und das Gehirn, das keine Arbeit mehr hat, weil das Leben vorwiegend über Autopilot läuft, baut nach und nach und viel zu früh seine Zellverbände ab.

Offenbar können wir wenig tun, um zu verhindern, dass unsere im Vergleich mit Milliarden Lichtjahren so winzig bemessene Lebenszeit nicht vergeudet wird, wie eine vor leeren Stühlen gespielte Sinfonie. Oder vielleicht doch? Leider ist der Geist des modernen Menschen vom Überangebot verrückter, schriller Offerten derartig zugedröhnt, dass er für das Einfache, Unspektakuläre kein Verständnis mehr aufbringt. Die Tendenzen des Wachstums und Gelingens im Zusammenhang mit der Zeit erklärt, klingen unscheinbar, schwächlich, aber in ihnen schlummert eine Energie, für die sogar die Zeitachse kein Hindernis ist. Apropos Zeitachse: In der subatomaren Physik hat man den Begriff Raumzeit kreiert, es ist die Kombination von Strecke und Zeit, die, graphisch dargestellt, nicht parallel zueinander verlaufen, sondern sich kreuzen; Raum wird also durch die Waagerechte und Zeit durch die Senkrechte dargestellt. Raumzeit ist die Eselsbrücke für das Phänomen, dass beobachtete Ereignisse sich in der Zeit auch rückwärts bewegen können. Bei einem Gewahrsein, in dem der Beobachter nicht von dem getrennt ist, was er beobachtet, kann es geschehen, dass die Zeitachse sich nicht linear verhält. *Die Einsicht in einen akuten Bedarfsfall kann sogar bewirken, dass ein zur Lösung nötiges Ereignis rückwirkend Wochen vor dieser Wahrnehmung stattfindet.* Ein simples Beispiel, das seiner scheinbaren Selbstverständlichkeit wegen Zweiflern gleich die Munition für ihre Kritik mitliefert: Wegen eines Todesfalles mussten wir für einige Tage verreisen und brauchten jemanden, der unsere fünf Katzen fütterte. Da das Ereignis ohne Vorwarnung auftrat, war guter Rat teuer. Und dann, mitten im Herbst, kam unser Nachbar angereist, der sein Haus hier nur in den Ferien bewohnt. Er erklärte sich selbstredend bereit, unsere Tierchen zu versorgen. Auf Befragen sagte er, vor einem Vierteljahr habe er einen Handwerker bestellt, der ihm vor wenigen Tagen mitteilte, er könne nur in dieser Woche anreisen und ihm seine Kacheln legen. Zufall, nichts als Zufall nörgelt der Zweifler. Womit er in bester, zahlreicher Gesellschaft wäre. In Gesellschaft netter, wohlwollender, an ihren eigenen Sorgen leidender Menschen. Menschen, denen man ehrlich zugute halten muss, dass sie noch nie im Leben etwas von Carl Gustav Jungs *Synchronizität* gehört haben und mit diesem Wort auch nichts anzufangen wüssten. Synchronizität ist der ungewohnte Name für ein Phänomen, dem wir das Jahr über regelmäßig begegnen - und es entweder gar nicht registrieren oder es eben als Zufall abtun. *Synchronizität ist die Wirkkraft, die für das Auftreten von Ereignissen sorgt, die mit unseren Wünschen und Bedürfnissen korrespondieren.* Ein gläubiger Christ hat wie andere, weniger religiöse Menschen auch, gelegentlich von der Synchronizität bewirkte Erfolgserlebnisse und er wird sie dankbar der göttlichen Fügung zuschreiben - vielleicht hat er um etwas gebetet und das synchrone Ereignis ist die Antwort darauf. Sie ist eine transpersonale Wirkkraft, die nötigenfalls Zeit antizipativ behandelt - auf Deutsch: Sie ist fähig, ein Problem oder ein Bedürfnis von heute dadurch zu lösen, dass sie ein vor dem Auftauchen dieses heutigen Problems in der Vergangenheit noch nicht vorhandenes Ereignis rückwirkend zum Stattfinden veranlasst, und zwar *jetzt*.

Nach einer Lebensphase freiwilligen Alleinseins hatte ich mir sehr eine traumhafte Partnerin gewünscht. Ich kaufte mir eine winzige Eigentumswohnung auf dem Land. Das Appartement daneben, Tür an Tür mit dem meinen, hatte Monate vorher eine junge Dame gemietet. Sie ist seit sechsundzwanzig Jahren meine Frau. Gottes Hand oder Synchronizität? Ehrlich gesagt, in diesem speziellen Fall interessiert mich nicht, wer als Cupido infrage kommt. Ich gebe zu, das alles ist schwer verdaulich, aber bitte, durchforsten Sie doch einmal Ihre Erinnerungen. Tauchen da nicht etliche Episoden auf, die unter dem Gesichtspunkt einer antizipativ, also nach hinten wirkenden Synchronizität alte Geschichten in neuem Licht erscheinen lassen? Wie können wir sicher sein, dass etwas, das uns heute passiert, nicht die Wirkung einer in der Zukunft liegenden Ursache ist, die uns erst dort vor größerem Schaden bewahrt?

„Zukunft" in ihrer traditionellen Bedeutung steht für Ereignisse, die noch nicht stattgefunden haben. Wer sich am fünfzehnten Oktober mit Weihnachten beschäftigt, bewegt sich gedanklich zwar in der Zukunft, er kann das Fest planen, Geschenke einkaufen oder die Weihnachtsgans bestellen, aber alle tatsächliche Aktion geschieht *jetzt* - der vierundzwanzigste Dezember existiert am fünfzehnten Oktober nur als Idee. Wenn Sie sich im Herbst auf das Fest freuen, dann erfreuen Sie sich an Erinnerungen an andere, vergangene Festtage. Über das kommende Weihnachten können Sie bestenfalls Spekulationen anstellen. Sie rechnen sich Wahrscheinlichkeiten aus, nach denen es wieder so schön wird wie früher, freilich unter Ausschluss jeder Gewährleistung seitens des Schicksals. Ist uns also der Blick in die Zukunft verwehrt? Sind alle Seher Scharlatane, schwindelt die Wahrsagerin mit der Kristallkugel, lügen die Sterne und sind Rupert Sheldrakes Hunde mit dem Zweiten Gesicht erfunden? Hier wird das Thema Zukunft ein wenig zur Gratwanderung, denn unter dem gleichen Firmenschild können geschickte Gaukler ebenso ihr Handwerk treiben wie die leider nicht so zahlreichen ehrlichen Mitglieder der Zunft. Setzen wir uns mit den Möglichkeiten auseinander, einen Blick voraus in die Zeit zu tun. Etwas tatsächlich zu „sehen", das sich noch gar nicht ereignet hat und vielleicht auch niemals ereignen wird, ist unmöglich. Wer von sich behauptet, in dieser Form in die Zukunft blicken zu können, lügt auf alle Fälle. Andererseits wäre im Grunde jeder Mensch fähig, künftige Entwicklungen zu erahnen, ohne dass er dazu einen Experten bräuchte.

Wir können der Zukunft aber in der Gegenwart begegnen, sie ist *jetzt* auffindbar, und zwar in Form unzählbarer Szenarien, die noch nicht stattgefunden haben, aber die je nach Sachlage eine stärkere oder schwächere Tendenz aufweisen, sich irgendwann, früher oder später (oder auch nie) zu ereignen. Insoweit ist die Zukunft in der Gegenwart enthalten. Stellen wir uns die Zukunft als einen gewaltigen Berg Spielkarten vor. Auf der Bildseite jeder Karte steht ein noch nicht geschehenes Ereignis. Die Ursachen für diese endlose Kette von potentiellen Ereignissen sind real in der Gegenwart aktiv. Manche dieser Karten liegen oben, andere mehr in der Mitte des Stapels und wieder andere ganz unten. Die Position jeder Karte im Stapel entspricht in etwa ihrer Wahrscheinlichkeit, zum Ereignis zu werden. Zuunterst lautet der Text vielleicht „Die Welt geht unter" oder „Sonne fällt vom Himmel", während obendrauf die Karte „Kevin fällt vom Scateboard und verstaucht sich den Knöchel" steht oder „Marga haut vor dem Frühstück ihrem Bernd eine runter". Zahllose dieser Tendenzen[33], in Erscheinung zu treten, zu geschehen, hängen mit individuellen Entscheidungen zusammen. Sollte Kevin auf seine Mutter hören und seine Hausaufgaben machen statt zu scaten, findet ein Quantensprung statt und die Wahrscheinlichkeit, sich zu verletzen, verliert sich im Nichts, die Karte verschwindet unereignet aus dem Stapel. Oder auf einer Karte steht: „Herr Stein kuscht wieder mal unter den Schikanen seines Chefs und bricht lieber am Abend einen Streit mit seiner Frau vom Zaun." Aber Herr Stein lässt es sich diesmal nicht mehr gefallen, er brüllt zurück, droht trotz Stellenmangel mit Kündigung und Jobwechsel - und erlebt sein blaues Wunder.

Der Chef, selbst ein armer Tropf, weil narzisstisch überbesetzt, verliert sein brüchiges Selbstvertrauen und steckt zurück. Und Herr Stein bringt seiner Frau einen Strauß Rosen, was er schon seit zwölf Jahren nicht mehr getan hat. Wieder findet ein Quantensprung statt. Eine Karte mit geringer Wahrscheinlichkeit des Stattfindens (Stein brüllt zurück) wurde durch die mutige Tat Steins losgetreten und ganz nach oben gewirbelt.

Wer Fragen an seine Zukunft hat - und wer hätte die nicht - sollte sie der Gegenwart stellen, allein hier ist das Potenzial aller künftigen Bewegungen des Lebens in einem Zustand der Nichtstattgefundenheit eingelagert. Ein Mensch, dessen Bewusstsein die Gegenwart widerspiegelt, der offen für alle seine Gefühle ist, besitzt damit die Sensibilität, in seinem persönlichen Umfeld Ereignisse zu erahnen, die sich wie ein zum Sprung geducktes Tier zum Erscheinen bereit machen. Mit weniger Empfindsamkeit für die in der eigenen Lebenssituation eingelagerten Trends von Geschehnissen wird ein Verstärker gebraucht, ähnlich wie man mit der Wünschelrute Wasseradern aufspürt oder mit dem Pendel Bodenschätze oder Verlorenes wiederzufinden sucht. Pendel und Rute sind Geräte, sie wissen nichts, sie verstärken nur die im Suchenden natürlich vorhandenen Ahnungen, sie machen ein nonverbales Wissen deutlich, das eigentlich in jedem Menschen vorhanden sein sollte. Analog verhält es sich mit Berufen, die die Zukunft weissagen. Sternkonstellationen, das I-Ging, Tarotkarten oder Kaffeesatz treten an die Stelle von Rute oder Pendel. Bereits die Kenntnis einer vorhandenen privaten Konfliktsituation lässt mittels Logik einigermaßen vorausschauen, welche Ereignis-Karten ein Klient durch seine temperamentbedingten Entscheidungen wahrscheinlich zutage fördert. Und die Bilder, die ein Tarotblatt, ein astrologisches Diagramm oder die Form eines Häufchens Kaffeesatz im Gehirn des Fragestellers erzeugen, gleichen dem Rorschachklecks aus der Psychotherapie. Sie wirken als Zeiger, als Verstärker. In allen Fällen geschieht nichts anderes, als dass Wissen ins Bewusstsein dringt, das tief verschüttet bereits vorhanden war.

Wenn uns ab und zu dieser Blick in die tieferen Schichten unserer Gegenwart glückt, ergibt sich daraus mancher Impuls zu einer intelligenten, spontanen Tat. Ein derartiger Impuls hat, wie früher schon erwähnt, keinen Text; er ist auch kein Gefühl, er fühlt sich wie ein Drängen an, wie ein Wissen, das erst noch formuliert sein will. Ich habe viele Gespräche mit Menschen geführt, die bestätigten, sie hätten sehr wohl und sogar schon öfter solche Anwandlungen gespürt, aber die Furcht, einen Fehler zu machen, hätte sie am Ende gehindert, dem Impuls nachzugeben. Intellektuell nachgerechnet erschien ihnen die spontane Tat zu riskant, weil zu schnell, zu unkontrolliert und zu schlecht recherchiert. Wer ein wenig mit veränderten Annahmen über seine Chancen experimentiert, weiß es vielleicht schon: Eine Handlung, die Impulsen aus der intuitiven Einsicht in sich anbahnende Ereignisse (die ebenso positiv wie negativ gepolt sein können) entspringt, ist nie falsch, weil hier die Kausalgesetze bedingt außer Kraft sind. Die Zeitachse verhält sich „raumzeitartig“ und was wie ein grober Fehler aussieht, den man am liebsten per Einschreiben rückgängig machen würde, erweist sich bald als Treffer.

*

Ich möchte gern zum Kapitelschluss noch einmal Sigmund Freud[34] zu Wort kommen lassen. Er zeichnet hier das Problem des Menschen, der ohne Einsicht in die Fragwürdigkeit seiner Grundannahmen nur die Wahl zwischen lebenslangem Kindsein oder einer grenzenlosen Schutzlosigkeit zu haben scheint.

Ich widerspreche Ihnen also, wenn Sie weiter folgern, dass der Mensch überhaupt den Trost der religiösen Illusion nicht entbehren kann, dass er ohne sie die Schwere des Lebens, die grausame Wirklichkeit, nicht ertragen würde. Ja, der Mensch nicht, dem Sie das süße - oder bittersüße Gift von Kindheit an eingeflößt haben. Aber der andere, der nüchtern aufgezogen wurde? Vielleicht braucht der, der nicht an der Neurose leidet, auch keine Intoxikation, um sie zu betäuben. Gewiss wird der

Mensch sich dann in einer schwierigen Situation befinden, er wird sich seine ganze Hilflosigkeit, seine Geringfügigkeit im Getriebe der Welt eingestehen müssen, nicht mehr der Mittelpunkt der Schöpfung, nicht mehr das Objekt zärtlicher Fürsorge einer gütigen Vorsehung. Er wird in derselben Lage sein wie das Kind, welches das Vaterhaus verlassen hat, in dem es ihm so warm und behaglich war. Aber nicht wahr, der Infantilismus ist dazu bestimmt, überwunden zu werden? Der Mensch kann nicht ewig Kind bleiben, er muss endlich hinaus, ins „feindliche Leben". Man darf das die Erziehung zur Realität heißen.

11. Kapitel

WACHSTUM

Erkenne dich selbst, heißt eine Inschrift am Apollotempel von Delphi. In einem modernen, eher rationalen Verständnis lautet dieses Gebot: Sei du selbst - wobei das, was jemand ist, für diesen nicht unmittelbar erkennbar ist, sondern nur reflexiv, also von einer Betrachterposition, von einem inneren anderen aus - und die Weisen des Sehens, des Wählens und des Hineinsehens können unterschiedlich und wandelbar sein. In diesem Sinne wäre das moderne subjektive Selbst ein zerbrechliches Ergebnis der reflexiv verschlungenen Vorgänge des Findens und Konstruierens - und dieses Selbst würde die Spannung zwischen Existieren und Reflektieren nicht nur ertragen, sondern auch als einen Beweggrund für Versuche einer Selbstverwirklichung schätzen.

Martin Doehlemann[35]

Ich habe leise Töne angeschlagen, wenn ich die Chancen des Menschen, seine Lage zu verbessern, zu wachsen und zu einem hohen Maß an Entfaltung zu gelangen, beschrieben habe. Ich habe kein Buch geschrieben, das marktschreierisch Halbwahrheiten verkündet und es liegt auch nicht in meiner Absicht, Leser zu ködern, indem ich irreale Hoffnungen erwecke und mit den üblichen, längst abgegriffenen Schlagworten hausieren gehe. Was in den vorausgegangenen Kapiteln niedergelegt ist, kann von jedem Menschen nachvollzogen werden, und es braucht keine geheimnisvollen Rezepturen für Eingeweihte, um die Dinge selbst in die Hand zu nehmen und Ratschläge auf ihre Realisierbarkeit hin auf die Probe zu stellen. Im Vorwort erwähnte ich bereits, dass ich mich in dieser Arbeit primär an den Verstand meiner Leserinnen und Leser wende und dabei soll es bis zum Schluss bleiben.

Auch die Frage, ob es Gott gibt, soll nicht auf einen Glaubenssatz reduziert werden. Zumal *diese* Frage, wie andere Sinnfragen auch, falsch gestellt ist. Die Frage nach Gott oder wie immer man das Prinzip nennen mag, sollte sinngemäß lauten: *Wie kann ich als einzelner Mensch unabhängig von den Myriaden Verlautbarungen so viel Wahrheit herausbekommen, wie ich für ein glückliches Leben brauche?* Der Schritt zu dieser Wahrheit beginnt mit meinem Verzicht auf alles Vorwissen, ich muss jede mir zu Ohren gekommene Saga über den Ursprung außer Acht lassen - dann bleibt nur ein Vakuum absoluten Nichtwissens übrig, es verbleibt ein von allem Irrtum und jeglicher Fehlinformation bereinigtes Bewusstsein. Und in diesem Geisteszustand ist der Mensch empfangsbereit für die Wahrheit. Eine Wahrheit, die er niemals von anderen bekommen kann. Sie wird sichtbar werden, wenn der Berg von Vorurteilen, Überzeugungen und fremd bezogenen Meinungen beiseite geräumt und das Bewusstsein „besenrein" gekehrt ist. Die Erkenntnis kann jemand dann immer noch nicht selbst herstellen - eine Einsicht, die der Verstand sich am Ende zusammenbastelt, wäre nur wieder eine neu eingefärbte Illusion, diesmal unter dem Prädikat „selbst gewonnen". Sie können nichts selbst gewinnen, Sie können keine Erleuchtung erzeugen - aber Sie können das Buch aufschlagen, das in Ihrem Unbewussten ungelesen lagert, das Buch der Menschheit, dessen Geschichte mit dem allerersten Hauch einer göttlichen Idee für unser Universum beginnt. Unser Unbewusstes ist kein Topf mit verschraubtem Deckel, und kein grimmiger Wächter hindert uns am Eindringen. Unbewusst ist alles, was mit unseren Überzeugungen, mit den Regeln, nach denen wir uns richten und mit den allgemein gültigen ethischen Normen nicht übereinstimmt. Dort wuchern unsere Traumen aus der Kindheit und jene, die uns im Verlauf des Lebens widerfahren sind. Alle unsere nonkonformen Regungen, unsere unterdrückten Triebe und verbotenen Sehnsüchte sind dort noch immer vorhanden. Wir hätten jederzeit Zugang zum Kellergeschoss unserer Erinnerungen - das einzige Hindernis sind unsere eigenen Widerstände, unsere Ängste, es könnte so viel Unrat ans Licht kommen, dass unser mühsam kultiviertes Selbstbildnis zerstört würde. Wir fürchten uns vor den Fakten, die dort schlummern. Und nun scheint die Forderung zu lauten, man müsse sich durch den kompletten Sperrmüll der Psyche hindurchgraben, um an Informationen zu gelangen, die womöglich gar nicht vorhanden oder für Problemlösungen völlig nutzlos sind. Ist dieser Preis nicht zu hoch? Nun, er ist nicht zu hoch, weil das Hineinhorchen ins Unbewusste nicht das Aufarbeiten seiner kompletten Inhalte verlangt - das wäre zu schön, um wahr zu sein, wenn die simple Bereitschaft, sich zu öffnen hinfort alle Psychoanalyse ersetzen würde und Neurosen durch simple Innenschau kuriert werden könnten. Die Sache verhält sich anders: Unser Unbewusstes blockiert nur dann die Herausgabe von Erinnerungen, wenn unser Bewusstsein sich aus Gründen der Schmerzvermeidung weigert, sie sich anzuschauen. Sofern jemand keinen Widerstand gegen Einsichten über seine Identität und über Gott und die Schöpfung leistet, selbst wenn sie krass gegen seine Überzeugungen stehen, ist es überhaupt kein Problem, an die unbewussten Daten heranzukommen. Sie steigen ins Bewusstsein empor, nicht auf Kommando, aber ungerufen, wenn der Geisteszustand stimmt, und manchmal zu Zeiten, wo sie ungelegen kommen, weil die Stimmung zum Verarbeiten fehlt. Und Erkenntnis kommt selten an einem Stück, wie ein Stempel, der eine vollständige Landkarte mit einem Schlag abbildet. Es geschieht eher häppchenweise, immer dann, wenn der Geist des Menschen, dem sich sein Unbewusstes offenbart, wieder einmal einen Schritt weiter hinein ins Unbekannte gewagt, es akzeptiert und in seinem Leben realisiert hat. Im *Tao te king* hat Laotse zwei Mal gefragt: „Woher ich dies alles weiß?“ Und geantwortet: „Aus diesem selbst.“ Wer den Zusammenhang der Dinge kennt, wird diese Aussage denn auch so verstehen, dass die Information, dieses Wissen Laotses, aus ihm selbst kam, aber aus der Quelle des kollektiven Unbewussten.

> *Es gibt im Menschenleben Augenblicke, wo er dem Weltgeist näher ist als sonst, und eine Frage frei hat an das Schicksal.*
>
> Friedrich Schiller

Eine alte Volksweisheit hat längst den Finger auf eine Schwachstelle menschlichen Strebens gelegt: *Die Wahrheit ist gar nicht so schwer zu finden. Schwer ist es nur, einen Menschen zu finden, der sie sucht.*

Es ist schließlich auch bequemer, eine Lüge zu glauben, die man schon tausendmal gehört hat, als eine neue Wahrheit. Insofern wäre auch der Versuch einer weiteren verbalen Beweisführung sinnlos, selbst wenn ich Dutzende von Beispielen aufzähle oder bestätigende Berichte von Menschen anführe, denen es deutlich besser geht, seitdem sie ihr Denken verändert haben. Zu Beginn des dritten Jahrtausends - des fünften nach der Steinzeit - sollte unser Gehirn eigentlich soviel Intelligenz entwickelt haben, dass wir als Individuen die Mittel erkennen, mit denen wir uns selbst heilen können. Ein Weg, uns selbst zu helfen, uns wie weiland der Baron Münchhausen am eigenen Zopf aus dem Sumpf zu ziehen, besteht im tieferen Eindringen in unser Unbewusstes. Der Psychologe Erich Fromm sieht die Inhalte des Unbewussten viel umfassender als Freud. In seinem Buch *Haben oder Sein*[36] steht ein Satz, der Unbewusstheit direkt mit dem gestörten Verhältnis des modernen Menschen zur Realität in Zusammenhang bringt: *Was ist unbewusst? ... Nicht nur die irrationalen Leidenschaften, sondern fast unser ganzes Wissen von der Wirklichkeit.* Wenn wir einmal alle verdrängten Schmerzen und Kränkungen, die das Unbewusste beherbergt, außen vor lassen und uns mit Inhalten befassen, die mehr aus Mangel an Aufmerksamkeit oder durch schlichte Bequemlichkeit, Denkfaulheit motiviert dort gelandet sind, würde sich daraus bei einigem guten Willen durchaus die Chance zu einer vernünftigen Selbstanalyse ergeben. Wer sich dazu aufrafft, braucht kein Studium der Psychologie und keine Lehranalyse - was er allerdings braucht, und zwar dringend, ist ein neues, absolut ernsthaftes Interesse daran, sich vielleicht zum ersten Mal in seinem Leben wirklich kennen zu lernen. Ich will die Frage, wie man das denn macht, beantworten, ehe sie gestellt wird: sich analysieren, ins Unbewusste vordringen gelingt, indem ich mich beobachte. Mich beobachte, und zwar in einer Geisteshaltung, die eine bestimmte Qualität braucht. Ich darf das, was ich beobachte, nicht ablehnen, nicht verurteilen und es auch nicht verändern wollen. Es geht darum, einfach mit Zuneigung, liebevoll auf mich zu schauen. Nicht selektiv, indem ich nur in mich hineinhorche, was dort sich regt. Ich lerne in der Selbstanalyse mich umfassend wahrnehmen: alle meine Reaktionen auf äußere wie innere Vorgänge, meine Gedanken, Gefühle, Worte, Sinneseindrücke und Taten. Alles. Wer in diese Betrachtung alle Intensität einbringt, zu der er fähig ist, wird einige positive Begleiterscheinungen registrieren können. Er wird mit der Zeit, oft sogar recht bald, feststellen, dass er einen anderen Bezug zur Wirklichkeit findet, er sieht, erlebt die Dinge klarer, weniger von Ideen und Meinungen durchsetzt. Sein Denken wird ehrlicher, es vergeudet kaum noch Energie daran, unpopuläre, vielleicht Besorgnis erregende Sachverhalte zu schönen oder sich in heilere Welten zu flüchten, wo alles besser, anders, weniger krisenbedroht ist. Das Denken stellt sich der Realität, wie sie jetzt ist, statt einen Großteil der Wahrnehmungsinhalte erst einmal ungelebt, ungefühlt ins Unbewusste abzuladen. Wer sich regelmäßig - und wenn es manchmal nur Minutentakte sind - so intensiv und wertneutral beobachtet, wird als weiteren Lohn der Mühe etwas an sich entdecken, für dessen Verwirklichung mancher tibetische Mönch den kleinen Finger hergäbe: Eher zufällig wird ihm bewusst werden, dass an dieser Selbst-Beobachtung kein inneres Zentrum beteiligt ist, das als Beobachter agiert. Seine Selbstanalyse hat sich in Beobachtung an sich verwandelt. Analysand und Analysiertes sind zu einer Einheit verschmolzen. Wer sich auf diese Weise dem Unbewussten und damit der Realität nähert, hat aufgehört zu fliehen - und er lernt. Es ist ein neues, unorthodoxes Lernen, bei dem das Gehirn keine Informationen sammelt, um sie bei ähnlichen Herausforderungen als Präzedenzfall wieder zu verwenden. Dieses Lernen hilft, sich besser und umfassender zu verstehen. So bleiben die Gehirnzellen jung - nur der Geist eines Menschen, der zu lernen aufhört, beginnt abzusterben und vergreist.

*

Da Sie und ich auf einer unsichtbaren Ebene eins sind, habe ich das Buch für uns beide geschrieben. Sie haben die Mitteilungen, die ich über Gott, unsere Identität und die Auswege aus dem Unglücklichsein mache, gelesen. Realisieren Sie zum Schluss nun bitte noch eines[37]: Sie und ich und alle Menschen, die es lesen, sind als Individuum Gestalten, die der Autor erfunden hat, aber dieser Autor trägt nicht meinen Namen, er bleibt dort, wo er vermutlich schon immer war, in seiner kosmischen Anonymität.

Ende

Anmerkungen

1 Erich Fromm, *Von der Kunst des Zuhörens,* S. 106

2 Rüdiger Safranski, *Das Böse*, S. 82

3 Erich Fromm, *Haben oder Sein,* S. 108

4 Peter Sloterdijk, *Kritik der zynischen Vernunft,* S. 71

5 Meister Ekkehart, der Mönch und Mystiker, geriet ja unter anderem wegen seiner Äußerung über den Schöpfungstermin ins Visier der Inquisition. Er äußerte nämlich auf die Frage, weshalb Gott die Erde erst vor sechstausend Jahren erschaffen habe: „Wenn es Gott schon früher gegeben hätte, würde er es wahrscheinlich früher getan haben."

6 Peter Sloterdijk, *Kritik der zynischen Vernunft,* S. 72

7 *Das goldene Buch der Zitate,* S. 226

8 Sigmund Freud, *Die Zukunft einer Illusion,* S. 85

9 Sigmund Freud, *Die Zukunft einer Illusion*, S. 107

10 Bei Operationen bei geöffneter Schädeldecke haben Neurologen mit dem freiliegenden Gehirn Tests durchgeführt. In zahlreichen Aufsätzen wird übereinstimmend beschrieben, wie Versuchspersonen beim Ausführen von Testanweisungen ein anderes, relatives Zeitempfinden entwickeln. Das Gehirn und das Nervensystem reagieren Sekundenbruchteile früher auf einen Befehl, als die Teilnehmer das Gefühl haben, sie hätten ihn ausgeführt. Zwischen der Ausführung der Anweisung und dem Bewusstwerden, *dass* sie getan war, hat das Gehirn aus dem Liveprozess blitzschnell eine Aufzeichnung im Gedächtnis hergestellt. Mit *dieser* identifiziert sich der Testteilnehmer als handelnde Instanz. Es scheint erwiesen zu sein, dass unser Gehirn als Erstes seine Beschlüsse fasst und erst anschließend durch ein winziges Intervall zeitverzögert im Probanden die Illusion erweckt, *er* hätte entschieden! Neurologen und Physiologen haben aus diesen Versuchsreihen eine bestürzende Schlussfolgerung gezogen. Sie besagt, sehr behutsam formuliert, *dass dieses Zentrum, von dem wir uns einbilden, aus ihm heraus würden wir fühlen, denken, entscheiden und handeln, in der Form, wie wir es uns vorstellen, gar nicht existiert.* Offenbar braucht das Hirn zum Handeln diese Instanz, die uns so viel bedeutet, gar nicht.

11 Sigmund Freud, *Das Unbehagen in der Kultur,* S. 101

12 *Das goldene Buch der Zitate*, S. 58

13 Erich Fromm, *Die Furcht vor der Freiheit,* S. 56

14 Erich Fromm, *Von der Kunst des Zuhörens*, S. 195

15 Der Mensch ist erwiesenermaßen unfähig, im Augenblick, da ihm eine Mitteilung gemacht wird, zu unterscheiden, *ob diese wahr oder erlogen ist.* Erst hinterher, falls er überhaupt nachdenkt, mag er realisieren, ob die Information stimmen könnte oder nicht. Bei der Beurteilung einer Aussage spielt ein wichtiger Faktor mit: Ob wir eine Mitteilung als wahr akzeptieren oder sie ablehnen, hängt davon ab, ob das Gesagte unseren Wünschen entgegenkommt und mit unserem Wissensstand kooperiert. Wenn eine

Nachricht schmerzhaft für uns ist, Gefahr oder drohenden Verlust signalisiert oder auf unsere Ängste trifft, tendieren wir zu Verweigerung und Zweifel. Spricht sie dagegen positive Gefühle an, glauben wir meist spontan und unbesehen, selbst dann, wenn die Mitteilung laut unserer eigenen Kenntnis des Sachverhaltes gar nicht stimmen kann.

16 Sigmund Freud, *Die Zukunft einer Illusion,* S. 126

17 Kopf oder Zahl entspricht immerhin einer Trefferquote von 50 %!

18 Rüdiger Safranski, *Das Böse,* S. 82

19 Die Zeit Nr. 46/1999: Wolf Schneider *Können Sie sich das leisten?*

20 Der Mangel an Solidarität ist sogar im religiösen Vokabular zu finden, wo zwischen *Mit-* und *Neben*menschen unterschieden wird. Und in der Tat haben wir doch öfter mal das Gefühl, eher Nebenmenschen als Mitmenschen für die anderen zu sein.

21 Robert Bly, *Die kindliche Gesellschaft*, S. 10

22 Tertiär: 60 bis l Mio v. Chr., Quartär: <l Mio v. Chr. bis heute.

23 Diese historisch belegte Etappe menschlicher Entwicklung hat interessanterweise zu einer Zeit stattgefunden, auf die in der Bibel der Sündenfall datiert wird!

24 Sigmund Freud, *Die Zukunft einer Illusion,* S. 104

25 Erich Fromm, *Haben oder Sein,* S. 52

26 So setzt Oscar Wilde die Geschichte fort.

27 Erich Fromm, *Die Kunst des Liebens*, S. 58

28 Arnold Gehlen: *Über die Geburt der Freiheit aus der Entfremdung* aus Rüdiger Safranski *Das Böse*, S. 105

29 Robert Bly, *Die kindliche Gesellschaft*, S. 275

30 gemeint ist Yeats

31 Die Makah sind ein Indianerstamm im US-Bundesstaat Washington.

32 Animistisch werden steinzeitliche Naturreligionen genannt, in denen die Menschen an die Belebtheit und Bewusstheit aller Erscheinungen in der Natur glauben. In seinen Arbeiten bescheinigt Rupert Sheldrake z.B. Tieren Hellsichtigkeit, die auf der kollektiven Identität ihrer Gattung basiert und eine starke Vernetzung mit dem Bewusstsein menschlicher Kontaktpersonen aufweist.

33 Es sei vermerkt, diese Tendenzen sind *nicht* mit jenen wichtigen Tendenzen zum Wachstum und Wohlergehen identisch, von denen ständig die Rede ist.

34 Sigmund Freud, *Die Zukunft einer Illusion,* S. 128

35 Martin Doehlemann, *Der Individualisierungsdruck und die esoterische Aufrüstung des Gefühls gegen den Verstand.* Aus: Wertheimer/Zima, *Strategien der Verdummung,* S. 39

36 Erich Fromm, *Haben oder Sein,* S. 98

37 Falls Sie „Sofies Welt“ von Jostein Gaarder gelesen haben sollten, wird es von dorther am Ende gleichnishaft deutlicher

Bibliografie

Robert Bly, *Die kindliche Gesellschaft,* Knaur Tb 1998

Sigmund Freud, *Die Zukunft einer Illusion,* Fischer Tb 1967

Sigmund Freud, *Das Unbehagen in der Kultur,* Fischer Tb 1953

Erich Fromm, *Von der Kunst des Zuhörens,* Beltz 1991

Erich Fromm, *Haben oder Sein,* dtv 1979

Erich Fromm, *Die Kunst des Liebens,* Ullstein Tb 1980

Erich Fromm, *Die Furcht vor der Freiheit,* Ullstein Tb 1988

Rüdiger Safranski, *Das Böse,* Fischer Tb 1999

Peter Sloterdijk, *Kritik der zynischen Vernunft,* Suhrkamp Tb 1983

Karl-Heinz Ulrich, *Das goldene Buch der Zitate,* Peters Verlag Berlin 1968

Wertheimer/Zima, *Strategien der Verdummung,* Beck Tb 2001

Über den Autor

Theo Fischer, 1931 im badischen Karlsbad geboren, hat fünfundzwanzig Jahre als selbstständiger Management-Berater gearbeitet. 1985 gab er seinen Beruf auf, siedelte nach Frankreich um und begann Bücher über asiatische Philosophie und über Lebenskunst zu schreiben. Im Verlag „Die Silberschnur" erschien 1989 sein erster Titel „Wu wei, die Lebenskunst des Tao". Er ist über hunderttausendmal verkauft worden und inzwischen auch in Italien erschienen. Außerdem schreibt und illustriert Theo Fischer Kinderbücher. Der Autor lebt seit 1997 in Piemont, Norditalien. Seine Frau Sabine ist Kunstkeramikerin. Sie stellt Skulpturen und dekorative Gefäße für Haus und Garten her. In dem renovierten Landhaus in Murazzano ist eine Ausstellung ihrer Arbeiten zu sehen. Dort führt der Autor auch regelmäßig Wochenendseminare durch.

Kontaktanschrift für Infos:

Theo Fischer
Cascina la Costa
I-12060 Murazzano (CN)
Telefon und Faxnummer:
00 39 - 01 73 / 79 11 00
E-mail: theofischer@libero.it

Weitere Informationen zu Theo Fischer finden Sie auf seiner Website: www.tonundtao.de

ISBN 3-923 781-34-2
116 Seiten, broschiert
€ [D] 9,90 | sFr 17,40

Theo Fischer

Wu Wei – Lebenskunst des Tao

Die Antwort auf alle Probleme unseres Daseins ist unfassbar einfach

Wer je im Leben eine tiefgreifende Existenzkrise durchlebt hat, erinnert sich vielleicht, dass die Wende zum Besseren genau in der Phase eintrat, als er sich, vollkommen erschöpft, aufgegeben hatte.
Nicht mehr kämpfen, im Strom der eigenen unendlichen Kraft leben – das meint WU WEI, wörtlich: nicht handeln, nicht eingreifen, sondern uns jener kosmischen Energie anvertrauen, die Laotse einst das TAO genannt hat. Das ist die Weisheit, die dieses Buch lehrt:
Von der Kunst des Nichthandelns über die Phänomene Aufmerksamkeit, Innerer Dialog und Loslassen bis zur Spiritualität im Tao. Mit Übungen für den Alltag.

ISBN 3-931652-85-8
224 Seiten, broschiert
€ [D] 12,90 | sFr 22,60

Theo Fischer

Das Tao der Selbstfindung

Dieses Buch vom Autor des Bestsellers »Wu wei, die Lebenskunst des Tao« ist eine Lektion in Sachen Hinwendung zur Wirklichkeit. Wer den Mut aufbringt, sich dem objektiven Zustand seines Lebens ehrlich und rückhaltlos zu stellen, wird erleben, dass er damit den Kraftschluss herstellt, der jene Energien freisetzt, mit denen er seine Probleme lösen kann.

ISBN 3-89845-040-6
280 Seiten, gebunden
€ [D] 14,90 | sFr 25,80

Wladimir Megre

Anastasia – Das Wissen der Ahnen

Wer erzieht eigentlich unsere Kinder? Warum steht so vieles nicht in den Geschichtsbüchern? Wie wurde die Welt, wie sie ist? Was können wir tun? Auf diese Fragen gibt Anastasia unter anderem Antworten. Sie fordert die Menschen dazu auf, sich von irrealen Vorstellungen und Okkultismus zu lösen, gleich in welchem Gewand sie auch daherkommen. Die Welt, wie wir sie zu sehen glauben, ist nicht die wahre Welt. Diejenigen, die wir als Herrscher wahrnehmen, sind nicht die wahren Herrscher. Auf den der Menschheit vorbestimmten Weg, den Weg, den unsere Ahnen noch kannten, zurückzukehren, bedeutet, diesen wahren, machtbesessenen Herrschern die Herrschaft zu entziehen. Dieser Weg ist der Weg zu Frieden und Glück für alle Menschen und für den Kosmos.

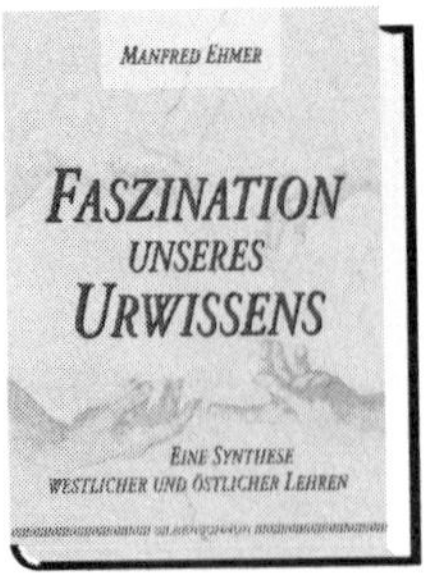

ISBN 3-931652-98-X
288 Seiten, gebunden
€ [D]17,90 | sFr 30,50

Manfred Ehmer

Faszination unseres Urwissens

Eine Synthese westlicher und östlicher Lehren

Philosophia perennis, Ewige Philosophie – so nannte der deutsche Barockphilosoph Leibniz (1646–1716) jene verborgene Quellreligion des Geistes, die allen spirituellen Traditionen in West und Ost zugrunde liegt. In dem vorliegenden Buch wird erstmals eine systematische Darstellung der „Ewigen Philosophie" gewagt. Hierbei wird aus einem spirituellen Urwissen geschöpft, das die drei bisher getrennten Erkenntniswege der Religion, der Philosophie und der Wissenschaft zu einer neuen Synthese verbindet.
„Faszination unseres Urwissens" ist ein Grundlagenwerk der spirituellen Philosophie.

ISBN 3-931 652-50-5
196 Seiten, broschiert
€ [D] 13,90 | sFr 24,20

Kurt Tepperwein

Ewige Weisheiten

Dieses Buch ist eine Hilfe, die Wahrheit in sich zu finden; die ewige Weisheit, die die kosmische Ordnung sowie die »Geistigen Gesetze« erkennen lässt. Es ist ein Angebot des Lebens, eine Chance sich selbst zu erinnern. Es birgt eine ganz persönliche Botschaft, sich, das Leben und den Sinn des eigenen Lebens zu erkennen. Es zeigt das Ziel allen Seins und die Wahrheit, die in allem liegt, auf und hilft jedem Menschen endlich der zu werden, der er in Wirklichkeit ist und immer war.

ISBN 3-923781-35-0
132 Seiten, broschiert
€ [D] 9,90 | sFr 17,40

Heinrich Hrdlicka

Der Weg über die Grenzen

Über Seelengeheimnisse und psychische Welten

Die Freiwilligkeit des Lernens, das bewusste Annehmen einer Schwierigkeit im Vertrauen darauf, dass Dir geholfen wird, ist einer der Schlüssel, Dich vom Rad der ständigen Wiederholungen zu lösen. Diese gechannelte inspirierende Literatur ist ebenso pfiffig wie respektlos – und doch voller Liebe – geschrieben. Eine kleine Meisterleistung esoterischer Bewusstseinserweiterung.

Trutz Hardo

Das große Handbuch der Reinkarnation

Heilung durch Rückführung

Jede Krankheit, jedes Problem hat seine Ursache. Oft liegt diese Ursache in einem früheren Leben. Deckt man sie auf, wird häufig eine spontane oder wenigstens allmähliche Heilung erreicht. So heilt die aus Amerika stammende Rückführungstherapie oft dort, wo jede „klassische" Therapie versagt.

Dieses Handbuch ist mehr als ein Arbeitsbuch für Mediziner oder Therapeuten. Es ist auch für all jene Menschen bestimmt, die Probleme haben oder die krank sind oder sich einfach nur um Heilung Gedanken machen.

ISBN 3-89845-047-3
480 Seiten, gebunden
€ [D] 29,90 | sFr 50,20

Trutz Hardo

Reinkarnation aktuell

Kinder beweisen ihre Wiedergeburt

In diesem Buch wird berichtet, wie Kinder in überzeugender Weise über ihr vorausgegangenes Erdenleben erzählen und wie Wissenschaftler – allen voran Professor Ian Stevenson – diesen Berichten nachgehen, sie wissenschaftlich überprüfen und zu der Überzeugung kommen, dass die Angaben der Kinder richtig sind. Besonders sind solche Fälle überzeugend, in denen Kinder mit fehlenden Gliedern zur Welt kommen, jedoch genau beschreiben können, wo und wann sie diese in einem früheren Leben verloren hatten, wer ihre Eltern und Verwandten waren und wo sie gewohnt hatten. Die dann wissenschaftlich vorgenommenen Überprüfungen bestätigen genau diese Angaben.

ISBN 3-931652-59-9
216 Seiten, broschiert
€ [D] 15,90 | sFr 27,40

Trutz Hardo

Erfahre Deine früheren Leben

Zum ersten Mal begleitet Sie Deutschlands bekanntester Rückführungsexperte auf 2 CDs in Ihre früheren Leben.

Mit einer Count-Down-Entspannungsmethode wird der Hörer in den Alphazustand versetzt, in welchem es möglich ist, gefahrlos über das Unterbewusstsein frühere Leben wiederzuerleben.

ISBN 3-931652-28-9|
Doppel-CD · je 70 Min.
36 Seiten Anleitung
€ [D] 35,90 | sFr 62,10